国家権力と倫理

STAATSGEWALT UND SITTLICHKEIT

著　者／テオドール リット
監訳者／小笠原道雄
訳　者／田代尚弘

東信堂

Theodor Litt

STAATSGEWALT UND SITTLICHKEIT
1948 Erasmus-Verlag München
Michio Ogasawara,Takahiro Tashiro
TOKYO-TOSHINDO PUBLISHING CO., LTD-2023

はじめに

本書は一九四二年に書き下ろされた。原稿は文机のなかに、長い間しまい込まれていたが、それには別段の理由はない。

もちろん、わたしは本書のテーマに関する多くの文献に目配りをしてこなかったわけではない。賛同するにせよ反論するにせよ、わたしは先学の方々についてはっきり言及するのを控えてきた。わたしが論じようと思っている問題を、先学の論考の傍らで、できるだけ純粋に、かつ先入観なく明らかにするためである。

哲学を学んだことのない方には、序章を後回しにして、まずは本論を読んでから、序章に戻ることをお勧めしたい。

一九四七年秋、ライプツィヒにて

テオドール・リット

国家権力と倫理

凡例

1. 本書の底本は、Theodor Litt : Staatsgewalt und Sittlichkeit ,1948. Erasmus-Verlag München である。
2. 改行は原典にしたがった。
3. 原文が長文の場合には、適宜、句点をうち、読みやすくした。
4. 原文のイタリック体の字句には、傍点を付した。
5. 原文中の " " はカギ括弧「」で表示した。
6. ドイツ語の Gewalt は、基本的に「権力」と訳出したが、文脈によっては「暴力」とした箇所もある。
7. ドイツ語の Leistung は、文脈により「作業能力」、「作業」、「働き」、「能率」と訳出した。
8. ドイツ語の Sittlichkeit は「倫理」と訳出したが、文脈によって「倫理性」とした箇所もある。
9. 原注は各章ごとの脚注になっているが、巻末に各章ごとに注記した。原文中のヒトラー『わが闘争』の引用は文中に引用頁が挿入されているが、注番号を付して巻末にまとめた。
10. 訳注は通し番号を付して、巻末にまとめた。

国家権力と倫理

序　章

1. 方法論的前提

あれこれ特定の国家でもなく、また国家のさまざまな発展段階でもなく、国家一般について考察しようとすれば、読者に普遍的認識を追究する考察方法を説明しておかなければならない[原注1]。ここで論じる考察方法については、理解が深まっているというよりは、誤解のほうがはるかに多いからこそ、読者に対する説明がなおさら重要となるのである。有力な見解は疑いなく、次のような傾向である。普遍的認識を得ようとする人は、植物学者あるいは動物学者が全般的な事象の分類のさいに、すなわち植物あるいは動物の「種」を分類するのと同じように、仕事を進めなければならないということである。そうした人は、考察対象となる諸現象の分類

「綱」の多数の「サンプル」を可能な限り考慮し、そうして諸現象の一覧表を比較して、諸現象全体に共通の本質的特性、すなわち「徴表」を抽出しなければならない。つまり一般的にいえば「帰納法的」論理の道筋に従わねばならない。国家の本質を帰納法的論理で解明しようとした人にとって、とりわけ歴史は帰納法を支える知見の宝庫であったはずである。それというのも、少なからぬ人びとが国家にまさしく歴史の唯一のテーマを求めようとしたならば、それに応じて歴史は周知のごとく、国家の歴史となるからである。

帰納法によって、国家についての相当な理解が得られることは、否定できないことである。とはいえ、国家の根本的な本質規定を帰納法で導き出せるという主張には、反論せざるをえない。それというのも、学問論にはまだしかるべき注目が集まっていなかったからである。「国家」というテーマできわめて重要なことは、人間存在の探求に努力するさいに、真理が心に刻み込まれるべきである、ということなのだ。すなわち、人間の思考が、植物学者と動物学者の仕事のケースのように、人間以外の現実あるいは人間的ではない現実の諸現象、いわば「自然」の諸現象を取り扱うのか、それとも人間自身が創造し、維持する現実、つまり精神史的存在の現実を対象にするのかでは、その意味は根本的に異なるのである。思考する精神は「自然」の諸現象においては、いわば「外側から」対象に取り組み、それゆえに可視的な広い範囲の諸現象において対象を渉猟しなければならない。思考する精神は、そうやって対象の知識を蓄積する。他方、精神史的存在の現実では、思考する精神は精神史的存在そのものに起源をもつ諸力、力の諸表現および力の諸作用を取り扱うのである。思考する精神は、こうしたさまざまな力の運動の本質と働きを思考しつつ、規定しようとするのだが、この運動は思考する精神自体の思考ときわめて密接に絡み合っている。いや実のところ、その運動とそれを対象とする思考とは、その由来を同じくするのである。国家を創造し、維持する精神と国家の本質を究明せんとする精神は同じである。規定されるべき客体とこの規定を行う主体の見かけ上の対立は、その深部においてまさしく相殺される。それは「対象」の究明ではなく、結局のところ自己究明である。この自己究明こそ、それに関連するあらゆる思考の努力目標である。認識課題がこのように解決されなければならないとすれば、それには思考する精神の徹底的な方向転換、すなわち内省が必要となる。つまり、思考する精神自体に内在する欲求と行為の根源に立ち返ることが、求められる。

＊＊＊

ところで、このように必要とされる帰納法は、たしかに重大な疑問にさらされているように思われる。普遍的なものの認識へいたる道筋を描き、その道に踏み込むことは、どのようにすれば上手くいくのだろうか？思考しつつ認識するという、あらゆる作業能力は特定の現実的な主体の活動として実現される。しかし、個々の主体は、特別な一回限りの存在、つまり「個」である。そうした主体がその特有な精神的活動の源泉を省察するならば、主体は個として自らに固有な精神的活動だけを、つまりは一回性と特殊性だけを省察によって把握するのか否か、主体はそれをどうやって知ることができるのか？主体は省察によって普遍的な刺激、行動様式、創造様式にいたるのか否か、それはどの程度なのかを確認しようとすれば、主体は自分自身に内在していたものと、他の主体に存在するかもしれないものとを比較する必要はないのか？この比較は、普遍的な事象を大多数の主体に共通な事象として、個々の人間存在の特性に属する事象から切り離す唯一可能な形ではないのか？この比較が実際に必要だとすれば、われわれは思いがけず「帰納的」論理の基盤に、再び引き戻されるかもしれない。だが実のところ、帰納的論理の領域においては、ただ比較さえすれば、普遍的な事象がそれ自体として素性を明らかにするということではない。比較によって普遍性をかろうじて証明することなど必要としないような、そうした内的諸経験がある。その理由は簡単である。つまり、内的諸経験はすでにそれ自体で普遍性の特徴を含んでいるからである。

＊　＊　＊

人間以外の自然を探求する人が分類しなければならないのは、「諸々の事実」である。帰納的論理はまさに事実探求の論理そのものである。一見、人間的・歴史的世界の探求者も諸事実を主題にしているかのように見える。だが、詳細に見ればわかるように、かれが主題とする事実はまったく異質の事実である。探求されるべき事実が「精神的」[原注2]な特性をもつ人間の行動であるならば、考察の重点は、その事実が必ずしも実際に起きている出来事としての事実だけではなく、意味内容を含む状況に置かれる。この意味内容が主体の意識のなかに存在する場合に限って、主体のなかで生じている事象は「精神的」意味のある事実である。思考過程、意志決定、評価的見解、このすべてのものは意識のなかに存在する意味内容によってこそ、文字どおりのものである。こうした諸体験を考えること——このことが、この意味内容自体を把握している場合に限って、経験の対象を正当に評価することになる。さらに、われわれがここで論じる精神の自己探求は、内面的な諸事象を突きとめるだけではなく、内面的事象に内在する意味内容をとりわけ明瞭にすることでもある。

＊＊＊

ところが、この意味内容は、それ自体では事実として把握されることはない。あらゆる事実は時間的、空間的に限定された事象であり、したがって、その一回性にいわば封じ込められた事象である。まさしくこれこそが、単なる事実から普遍的な事象へ迫ろうとする人が多数の事実を収集せざるをえない理由なのだ。だが、「意味」は決してその時空的位置に固定されたものではない。意味とは理念的なものであり、それは時空的に固定された事象では理解できないが、しかしそのつど体験される事態の事実性のなかに埋もれてしまうものでもない。もし、そうでないとすれば、意味は主体から主体へどのようにして伝達され、託され、拡げられるというのか！意味内容は事実的な事柄の時空的な固定化を越え出ている。このことがまさしく、意味内容は単なる諸事実を考えなくてもよい、ということなのである。意味内容は自らのなかに、またそれ自体として、普遍性という特性を含んでいる。諸々の意味内容とは、こうしたものであり、望むならば、いつでも、どこでも、誰にでも体験できるであろう。この意味内容はつねに自らの理念を明らかにする。この理念は普遍化できるだけではない。それどころか、この理念の特性にはすでに普遍性が付与されているのである。もし、意味が特定の主体に結びつけられていると考えるならば、それは普遍性の意味を否定することになるだろう。認識的な思考が内的な諸事実と関わり合っているならば、この思考は広い範囲の事実に注意を向ける必要はない。もっとも意味内容はこのように、内的な事実において知られるのである。この諸事実によって、不確実な本質的特徴の普遍性がはじめて裏付けられるにちがいないとしてもである。この本質的特徴の普遍性は、それ自体に内在する意味内容の普遍性によって、簡単に証明される。

基礎的な事例を挙げてみよう！人間はいろいろと考え、意志を刺激し、そうして自分の露命をつなぐ利害に必死で取り組むが、これはまぎれもなく人間存在の普遍的特徴である。しかし、この普遍的特徴がわれわれにとって普遍的である理由は、われわれが自分自身においてだけではなく、多数のいろいろな人間同胞においても、事実としてこの普遍的特徴を見てきたからでも、またくり返し見るからでもない。この普遍的特徴が、われわれにとって普遍的である理由はごく単純なことである。この普遍的特徴には、意味内容、つまり意図の内容、意欲の内容および行為の内容が現れるからである。この意味内容が、やはり人間「一般」の本質の一部であると証明できないならば、われわれはこの意味内容を思い描くこともできない。人間の本質に適った意味ある体験と行動様式が人間にまったく欠けているとすれば、人間というものは、本当は「人間」でないのかもしれない。人間の本質的事象がまったく見られないような人間に、わたしがもし実際に出会うことがあるとしても、それによって、わたしが抱く人間の本質特徴の普遍性の信念が揺らぐことはないであろう。わたしは、ただこう問うだけかもしれない。こうした人間が、期待される意味豊かな態度からかくも大きく逸脱してしまったのは、いかなる非日常的な境遇によるのだろうかと。結局、こうした人間の挙動には、意味豊かな生活形成に不可欠な認識の否定があるのではなかろうか。この不可欠な認識を否定することは、われわれにとって「理に反している」ように思われる。こうして、われわれは普遍的認識を得るとしても、その普遍的認識は、個別的な諸事実の形式でしか発見できない事象を帰納的に一般化することでは得られず、むしろ普遍的認識はその事象そのものに内在する普遍性に基づいているのである。このような普遍的認識を、それが「自明である」がゆえに軽視することには、十分に警戒してほしい。この普遍的認識に含まれるものをすべて完全に発展させるだけでよいのである。そうすれば、人間の活動が生の維持に役立つ限りで、人間の活動が実現されるあらゆる根本的状況が現れるのである。われわれはこの人間の活動のなかに、経済学が構築される基盤そのものを捉えることができる。

だがまた、さほど基礎的でない事例があるからといって、それに惑わされる必要もない。人間の普遍的な本質特徴として、人間が言葉を話す生き物であることを否定する者は誰もいないであろう。だが、この認識が成り立つのは、次のことによるのではない。すなわち、それは、わたしが自分自身において、またわたしが出会うすべての同胞において、言葉を話す行動を何度もくり返し起きる事実として目にし、そうしてつねにくり返される経験から言葉を話す人間の普遍的な正当性を導き出すことによるのではない。自分の言語行為がわたしという個別存在のなかに、いわば封じ込められた「事実」と見なすならば、またその言語行為が他の事実との比較ではじめて、普遍的・人間的な機能として、同じように証明される必要があると思うならば、わたしは言葉を話す行為の輝ける意味を否定することになるだろう。言葉を話すことの本来的な意味は、言葉がそれを話す主体の孤立化を打開し、そうして多数の主体が一体となる意味内実をまさしく表現することである。何かを表現することは、共同存在者と何かを共通理解することに他ならない。単独の人間は言葉を話しながら、人間「全体」へとつながっていく。人間は言葉を話すことで、「人間存在」が生きる共同性の構成要素となる。わたしと同じような人にアンケート調査することではじめて、言葉を話すことが人間の普遍的な本質特徴であるのか否かを確認することは余計なことであるだけでなく、まったくの骨折り損であろう。いうまでもないことだが、このアンケート調査では、人間を結びつける言葉の働きがすでに仮定されているであろうし、それが利用されるだけのことであろう。たとえ、わたしが言葉を話さない人間に、実際どこかで出会うことがあるとしても、わたしはそれで、言葉を話す人間の普遍的な本質特徴に戸惑うことはなく、むしろこのように問うだけである。言葉を話す機能喪失の事例は、いかなる特別な境遇のせいで、そのようなことになったのかと。言葉を話すという人間の本質特徴の意味と内的必然性は、例外的現象によって決して損なわれるものではない。人間の発話行為について普遍的に説明される事柄を、その行為がいわゆる「自明」なことゆえに、考慮に値しないなどと思うことに対しては、またしても警戒してほしい。言葉の普遍的な知識のなかに含まれているものが十分に開花するならば、そこには言語学の全体系が起ち上がってくる概念的土台そのものが現れるのである。

われわれは、人間の固有な本質の究極的普遍性が明らかになる知識の論理的な特徴を、いま述べた二つの事例で説明した。ここから、この普遍的な知識とわれわれに与えられる認識との関係もまた、われわれが人間的状態と人間的出来事の多様な形態——これは生活と歴史によってわれわれに示されるが——を見きわめようとする場合に、明瞭になる。われわれがこの探求の課題で知ることは、人間存在の普遍的な根本動機がいかなる特別な形で、その時々に具体化されてきたのか、また絶えず具体化されるのか、ということである。この探求の結果を立証するものは、たしかに事実という素材ではない。事実という素材の帰納法的処理によって、はじめて普遍的なるものが得られるかもしれないのである。むしろそこには、反対の依存関係がある。問題となる個々の探求の結果は、わたしの目にありのままの事実として浮かぶだけではなく、人間存在の意味ある表現として「理解できる」のであるが、このことはその表現のなかに具体的に現れている人間存在の普遍的特徴に精通していることを、不可欠の前提とする。普遍的なもののなかには、あらゆる人間的なものの共通性が現れているが、この普遍的なものを土台としてこそ、わたしは自分自身の独自性、自分の帰属する共同体の独自性、および自分の生きる時代の独自性とは決定的に異質な特別の事象に近づくことができる。わたしが生活において、あるいは歴史のどこかで、ある人間共同体に遭遇し、この共同体がその労働行為と経済行為の特別な諸形態の点で、わたしの知っている労働界の諸形態とは奇妙に異なっているとするならば、わたしがこの異質な諸形態を理解できるのは、この諸形態の背後に経済的人間の根本的動機を感知できる場合だけであろう。この経済的人間の根本的動機は、厳密な普遍性という点で、経済的人間とわたしとの間の距離を調停するのである。わたしが生活のなかで、あるいは歴史のどこかで、ある人間共同体に遭遇し、その共同体の特別な言語的表現の諸形態が、わたしの馴染んでいる言語世界の諸形式とは驚くほど異質であるとしても、事情はまったく同じである。この場合にも意思疎通は、決して欠くことのできない普遍的事象の土台で行われる。わたしがこの普遍的事象の存在を認知するのは、わたしがその共同体の探求されるべき様態を、やはり「言葉」として表現することによるのである。わたしは先の二つの事例によって、既知の普遍的事象から個別的事象の理解に近づくことができる。わたしは既知の個別的事象から、はじめて確認される普遍的事象へと迫るのではない。かくて、特別な個々の探索の結果は、根源的な知識でもって当然ながら、われわれにはすでに確定している事柄を内容的に充実し、具体的に描き出すことしかできない。

＊　＊　＊

「国家」という人間的制度の普遍的本質の規定が重要であるならば、歴史が国家関係の資料で示す出来事の帰納的処理に期待する傾向が、とくに強く現れてくる。それというのも、歴史の生命は国家的現実の種々の出来事と多様な局面において最高の密度に高まる、と考える人びとがもちろん間違っているわけではないからである。だが、そうはいっても、歴史の具体的形態にこそ、国家の本質の究極的解明が期待されるべきではないのだろうか？もし、それが期待できないという見方が的を射ているというならば、以下でなされる考察は、何の役にも立たない方法を試すことに他ならないであろう。だが、人間生活の仕組みにおいて、一面では国家に重要な意義を認め、それでもやはり歴史的資料の帰納的処理だけで国家の本質を解決できると考える、このような人びとは矛盾を犯しているといえないだろうか？ここにはやはり、二つの選択肢がある。まず第一の選択は、国家における生活が事実上、人間存在の本質的特徴であるということ。そうだとすれば、国家の組織化に必要な普遍的動機を、それと関連する行動と立場の意味に立ち返ることで解明することは可能であり、まさしく必要でもある。もっとも、このことは人間存在の他の根本動機に対しても可能であることが明らかになっている。第二の選択は、そのような普遍的動機の直接的な意味の規定はできず、したがって帰納的な調査方法の適用が避けられない、ということである。しかし、それならば、国家は人間生活の多数の根本動機から当然除外され、そうして人間的な事象の二次的で、経験的な確認だけで把握できる諸現象に組み入れられなければならない。以下の論述は要するに、この第一の選択肢にこそ真理があると強調したいのである。広く、実りの多い認識活動は、国家の歴史的自己実現の過程で生み出された事態や出来事の帰納的処理によって行われるとしても、この認識活動はさておき、国家を建設しかつ維持する動機の基本構造は、つねに、またいたるところでその動機の決定的な意味へ立ち返って解析されなければならない。このことは、次のような理由からしても、やはりそのようにいえるはずである。すなわち、考察対象となる多様な人間諸集団一般のなかで、いかなる諸集団が「国家」という呼び方を要求する権利をもっているのかは、国家の本質規定をはっきりさせてこそ、明確になるからである。未開社会の人びとの組織自体は、荒削りで、因習的で、迷信的であり、また放逸であるがゆえに、歴史的に発展した国家生活の諸形態と比較できないように思われるが、われわれにとって未開社会の組織自体は何といっても、やはり「国家」なのである。われわれが、自分たちに馴染みのない諸形態の背後に、国家形成の原動力の普遍的な本質規定によって明らかにされるような、何らかの意味ある根本動機を感じ取ることができる限りは、「国家」といえるのである。

だが、諸々の国家的組織力の本質規定は帰納的推論では得られないほど厳密にされるという事実、このことに関心を示すのは理論的明晰さを追求する認識だけではない。きわめて重要な実践的関心もまた、そうした本質規定の完全な解明によって決定的な利益の獲得を期待するにちがいない。人間が国家の形態に人間を包み込む運命のいたずらに思案を巡らせようとしても、それは人間の生活状況の根本的動機を理論的に知りたいという欲求からそうするのでは、決してない。ある種の人間が生活するある種の国家の現実とは、まさしくその人間にとって、自分が寄与することもなく、また自分と関係もなく、ただしかたなく存在するかのように存在しているものではない。国家は人間の意欲と行為によってこそ成立し、そうして存続する。国家はこの人間の意欲と行為で築かれ、拡大する。国家は、その形態を意のままにする人間の決断を土台としてこそ、あるがままに存在するのである。人間がとりわけこの根本的な生活状況を可能な限り明確に認識したいと思うのは当然のことであるが、その理由はそうした認識を深めることが、人間の実践的努力に必ず役立つからである。人間が一時的な願望と憂慮を克服し、高度で持続的な要求という意味で生活状況の発展を切実にめざせばめざすほど、この生活状況を認識する欲求はますます強まるにちがいない。それは、国家生活の根本的な規範化の欲求であり、その欲求にとっては国家についての確固とした認識とのつながりがとくに切実な問題となる。国家とは何であるのかが明瞭にならない限り、国家はいかにあるべきかについて、納得のいく確定はほとんどできないのである。

このテーゼのなかに矛盾を見つけ出し、そうして次のような反論、すなわち国家の「存在」が揺るぎないものだとすれば、「当為」のための余地はまったく残らない、つまり国家についての当為を設定することは、国家の変更不能な存在を結局は否定することであると反論しようとすれば、それは間違いであろう。国家の「本質」として規定されるべきことは、国家が国家であることをやめることなしには、放棄できないような確実な普遍的根本特徴そのものなのである。この根本特徴は、これを放棄すれば、国家であろうとし、国家であることを主張する人間の集団は、もちろん自らの実存を必ずしも失うわけでないとしても、国家としての自らの実存を失うというならば、そのようにいえるかもしれない。

したがって、国家の規範化を迫る精神は、国家の確固不動の本質特徴を熟知することに喫緊の関心を示さなければならない。なぜならば、その精神が国家の本質特徴について確信をもてない限り、その精神はさまざまな要求に応えようとする誘惑から自分を守ることができないからである。もちろん、国家はそうした要求に従えば、結局自らを否定することになるかもしれない。だが、このことで要求される安全性は、事実の帰納的究明ではどのみち達成することはできない。ある事実に関する資料の帰納的処理で究明される事柄は、それが変更できないという意味では、つねに条件付、すなわち「われわれのこれまでの諸経験が及ぶ限り」という条件付なのである。それゆえに、将来的にいろいろな事件が起きたり、あるいは多様な対策が講じられたりする可能性が、つねに開かれていなければならない。この諸事件や対策によって、問題となる領域の本質は徹底的な変化をこうむる。国家的諸現実の帰納的究明もまた、これと同じである。たとえば、国家的現実の帰納的究明が教えるように、国家の構築において身体的暴力の行使がこれまで決して欠けたことはなかったと仮定してみても、それによって、国家が身体的な暴力行使を自発的に取りやめるかもしれないような諸変革の可能性が閉ざされることはないかもしれない。こうした面からいえば、権力の放棄が国家発展のための規範であると宣言されるような状況を妨害するものは、やはりまた何もないであろう。身体的暴力の行使が、国家の意味に立ち返る本質規定のなかに取り除けない根本動機として含まれていることが明らかになるとすれば、事態はまったく別の様相を見せるかもしれない。この場合、暴力を全面的に放棄する可能性を国家の未来に残して置くことなど、まったく考えられないであろうし、結局は、その可能性のなかにある命法の告知もまた、国家の拒絶――たとえ、それが望まれていなかったとしても――であることが明らかとなるだろう。国家の「純化」をめざした努力が確実に定着して、この努力がその諸計画とともに理想郷のなかに消え失せてしまう事態に陥らないとすれば、それはこの努力にとって救済になるかもしれない。それというのも、その後、あらゆる要求が国家を拠りどころにせざるをえないような、そうした領域があたかも限定されて、それによって、この領域が諸要求の対象の性質と避けがたい矛盾に陥ることもなくなるかもしれないからである。

前述の思想的な諸課題の緊急性は、古くからいわれており、またその課題解決のための活気ある努力おいても証明されている。それというのも、その思想的課題は結局、「自然法」と呼ばれ、すでに古代ギリシアの関心事に他ならぬ課題であり、それは近代にいたるまで、それどころか要は現代にいたるまで思想家たちを刺激し、かつかれらの間に亀裂を生み出してきた課題でもある。そのいろいろな努力で重要なことは、国家の概念、つまり国家的秩序の概念を提示することであった。その概念は、その妥当性を経験的に抽出できる多様な国家制度から演繹するのではなく、その妥当性をその概念自体のなかに含んでいるのである。この概念に立ち入ることは願ってもないことだと思われたが、とりわけその理由は、この概念のなかに二種類の規定が一体化されることを期待したからである。すなわち、国家はその本質的な存在から見れば何であるのかという規定、国家はその本質に従えば何であるべきかという規定である。たとえ、そうした概念を得たと思ったとしても、一方の存在の規定と他方の当為の設定が完全に融合するほど互いに接近したことは、何ら驚くことではない。あるときには、存在を確定するにすぎなかった事象のなかで、従うべき規範を解明することも考えられたし、またあるときは拘束力のある規範と見なした事象から、逆に存在を解明できると考えられたのである。「自然」という概念の多義性は、このような交換をきわめて有効にした。カントの哲学[訳注1]はたしかに存在と当為を明確に区別して、この交換に終止符を打った。だが、カントの哲学は、この二つを素っ気なく切り離すことで、新たな難題を生み出した。規範を付与する精神は、国家にその独自な本質の放棄を要求した諸命題を用いて国家を吟味する誘惑と危険にさらされた。このあらゆる混乱がかろうじて取り除かれるのは、次のような場合である。すなわち国家の本質規定が規範付与を含むのでもなく、また規範付与をそれとは無関係な支配機関の裁量に任せるのでもなく、むしろ普遍的な枠組みの境界の策定が理解される場合なのである。特別な状況に関連した規範付与は、その効力を保持するためには、この普遍的な枠組みを越えてはならないのである。

2. 問題状況

今日まで何年間も、哲学に対して「時代に即せ」、「現実的であれ」という要求が何度もなされてきたわけではないし、強調されたわけでもない！この要求は二重の意味で理解できるし、そうしてその理解の仕方次第で、この要求は受け入れられたり、徹底的に拒否されたりする。まず、この要求は警告として理解される。それは、時代意識がきわめて深刻な脅威にさらされていると感じる諸問題を取り上げ、その解決に全力を挙げよ、という警告である。このように解釈されるならば、この要求はひとえに、まともな哲学がみな最高の義務として必ず認める事態を表現しているのである。喫緊の生存問題の解決のために闘う特有な時代を支援する課題よりも気高い、いかなる課題が哲学に課せられるというのだろうか！哲学が時代の諸経験、目的の実現および失望に対して無関心な態度を取るとすれば、哲学はやはり認識の究極的な源泉と自ら関係を断ち切ることになろう。次に、この要求は、支配的な意識が自らの問い自体に与える回答を引き受け、そうしてその回答を明確にする難題として理解される。あらゆる時代はまさしく、その時代の実存の根底から立ち上がる諸問題を含んで、ある種の標準的な回答を与えるものである。この回答によって、その時代の探求と疑念から生じる不安の沈静化が図られる。哲学が、このように理解された要求を受けとめようと思うならば、哲学は時代に対しても、また自らに対しても、一切の責任を負うことになるだろう。時代があらゆる場で英知だとして触れ回る事柄の反響にすぎないような哲学から、時代は何を得るというのだろうか！また、哲学は時代がつぶやく何気ない陰口から、何を知るというのだろうか！もしかしたら、哲学は移ろいやすい日々の言説の混濁と錯綜だけを自ら承認し、永続させることになるのかもしれない。哲学がまったく独力で、またいかなる先入観にもとらわれずに、責任ある思索を巡らして、提起された問題に取り組む場合にだけ、哲学は時代が哲学に要求し、そして哲学が自ら要求する課題を解決できるのである。

　われわれが提起したテーマを「時代に適って」いない、「現実的」でない、などと言い張る者は誰一人としていないであろう。それは、歴史の歩みがもたらした、とてつもなく悲惨な政治的出来事において、くり返しさまざまな決断が下され、いろいろな行動がなされるからである。いうまでもなく、その決断と行動は、その影響の大きさと重責のために、根本的な吟味・検証が求められる。そうして、この吟味・検証は何ら特別なことではなく、いま起きている事態が倫理的評価に値するのか否か、それどころか倫理的評価を要求するのか否か、またいかなる意味でそうであるのかを注視するのである。人間という種自体は、その意志決定が何百万人もの同胞の運命にいかに深く、かつ持続的に介入するかを経験すれば、また人間という種がこのような諸決断の過程で、いかに人間が人間を攻撃し、損傷を与え、暴力でねじ伏せ、結局は絶滅させる無数の行為が起きる事態を目の当たりにせざるをえないならば、このあらゆる事態が倫理的な視点で厳しく非難されるのか、疑わしいのか、許されるのか、それとも必要なのか、このような問いは人びとの間に、つまりきわめて本質的な生存の抑圧を真剣に考える人びとの間に流布するにちがいない。そうして、こうした問いは今日、ますますもって注目されなければならない。それというのも、われわれの身に降りかかる、またわれわれによって引き起こされる世界史的な大変動が、近年の大戦争体験の反省をはるかに越える明晰な意識によって照らし出されるからである。このことは、多くの出来事について意識されるだけでもなく、また現代の生活が絶えず膨張する傾向について意識されるだけでもない。それは、「第三帝国」の指導が普遍性の遂行を心情の加工に有効であるとする、その影響力からも明らかになる。だがしかし、「第三帝国」の指導は、政治的出来事の全体を最終的な「世界観的」意義で明らかにするために、あらゆることをなしえたのか？「第三帝国」の指導が民族のすべての構成員の頭にたたき込もうとしたことは、まさしく民族生存の形而上学であった。この形而上学は、政治的行為を考えられる限りの権威に格上げし、その他のすべての行動に優先させるものである。たとえ、何がもくろまれ、何が企てられ、何が講じられようとも、この形而上学が認められるためには、とりわけ政治的重要性を基準にしなければならなかった。生活の仕組みのなかで政治的事情に特別な位置を与える人は、たとえ自分の意志にそぐわないとしても、政治的事情に倫理的意識の焦点を合わせざるをえなくなる。それというのも、倫理的意識はすべての生活の階層に深く入り込めば入り込むほど、当然ながら行動の領域に否応なく、さらに引きずり込まれるからである。

したがって、われわれは真に「時代に即した」問いに、時代に即した回答ではなく、「事実に即した」回答を与えなければならないのだ！この回答を見つけることは不可能なことではなく、その可能性を期待できる十分な根拠がある。われわれの時代が、そうした問いにかくも敏感であるならば、その問いは少なくとも、われわれの時代のためだけの問いではない。それどころか、この問いの重要性は、この問いが以前から――きわめて深刻な政治的混乱に見舞われた共同社会や時代では当然至極であるが――思想を不安に陥れ、思想家を引き裂いてきたことからも明らかである。紀元前五世紀のアテネで、詭弁学派[訳注2]が思索的な冒険として、このテーマをつねに挑戦的な形で議論しなければならないと気づいてから、政治的行為の倫理的意義への問いは、もはや沈静化することはない。しかも、とくに現代国家の独立と高度化は、政治的行為の倫理的意義を論じるための有益な素材や絶えざる刺激を与えてきた。わたしは、問題の前史に詳しく立ち入ることをせず、問題を根本的にただちに検討することにしたい。もし、われわれの問題の前史を描き出そうとすれば、やはりその問題のさまざまな根源に深く入り込んでしまうかもしれないからである[原注3]。

第1章　国家と権力

1. 国家における強制力

われわれは国家の現実によって倫理的諸問題を突きつけられるが、この問題の考察は、国家活動の「権力」と「法」の両極を行き来することである。権力の執行者としての国家は立法者にして、法の番人でもある。これは国家の根本的な二面性であり、現実の政治はこの二面で吟味される。現実の政治がこの二面で行われるならば、「権力」と「法」において生じる事態の評価が不均衡になるのは、当然のことであろう。公共団体の法制や法的活動に求められるのは、国家がいかにして倫理的判断の賛同を得られるのかということである。だが、国家の権力行使は、国家が倫理的良心によって反論される本質的側面でもある、と見なされている。二千年以上にわたる国家哲学の思想を通じて、国家の倫理的使命は、ストア派[訳注3]の「自然法学説」を引き合いに出していえば、法秩序の発展のなかに含まれていると考える伝統が継承されてきた。他方で、プラトン以来、国家の権力機能を重大な倫理的逸脱の源泉と見なすべきである、と考えた思想家の系譜も途絶えてはいない。

それゆえに、権力の保有者としての国家は、倫理的意識にとってとくに悩ましいものである。権力行使の諸形態はきわめて多様であるが、しかしそのなかには、何はさておき、倫理的理性の不信感が募るある種の形態がある。権力は純粋に精神的感化の方法で行使される。この精神的感化は、個人あるいは人間集団がその私的な影響力によって、あるいは精神的な財の管理者として、公共心のある人びとの信望を得るならば、どこでも可能なのである。世俗的国家の最大の権力的展開に匹敵し、純粋な精神的影響力によって権力活動を行った著名な組織の事例を挙げるならば、それはカトリック教会である。倫理的良心は一般的に、こうした精神的形態の権力行使と折り合いをつけることができる。権力の影響に身をさらしている者の自由は、それが権力の所有者の影響力が及ぶ人間の内面性である限りで、排除されていないように思われる。倫理的判断は、権力活動の形態が直接的な強制力を行使して自らの目標を達成することとは、まったく異なっている。それというのも、権力活動の被対象者の自由は、徹底的に抹殺されるからである。しかし、これこそが国家の姿に顕著に現れる形態なのである。国家の活動には抗いがたい破壊力があり、それはとりわけ国家が組織的に物理的権力を行使することによる。「国家＝権力」という表現は、政治的現実と政治的効力の契機を強調しているがゆえに、深く真理を突いている。こうして、権力の執行者である国家は、倫理的意識にきわめて厄介な問題を課すことになる。

国家の倫理的問題の根源に真剣に迫ろうとすれば、国家活動の好ましからざる形態を事例にして、国家を究明することが最善の策である。この件について、いろいろな説明で得られる事情は、ある前提が満たされる場合にだけ、たしかに理解しやすくなるかもしれない。われわれは、国家の権力行使の形態において、われわれの目に浮かぶ政治現実の様相を自明な事態と見なすことをやめなければならない。政治現実の様相は、何千年にも及ぶ歴史的な経験を踏まえて見れば、われわれにとって簡単なことだと思われるのだが。哲学的意識にとって、つまり真に原理的な意識にとって自明なこととして受けとめられたり、軽率に放置されるようなものは、何ひとつとしてない。ひとつのフィクションを比較して、いま問題になっている状況の自明性をぐらつかせて見ればよい。身体的な力の行使を無条件に放棄するような生物の共同体、さらにいえば、その構造上、身体的な力の行使の可能性をまったくもたないような生物の共同体を、われわれはいかようにも想像することができる。身体的に自由な人びとの世界、また自分の生存を含めて、そのすべてを包み込む空間性を媒体にしていないような生物の世界にも、たしかに「国家」の可能性は存在するかもしれない。ここで「国家」という言葉の意味は、個的存在を秩序ある共同体に統合するということなのだ。そうした生物の世界には、身体的な権力行使の可能性はないであろうし、そのような世界に固有な国家もまた、その世界の内実については何も知らないであろう。そうした生物の統一体は、「純粋に精神的」な諸関係とその諸作用に依拠しているといえば、そのようにいえるのかもしれない。これとは対照的に、人間の存在形態は、身体がその存在形態の組成のなかに含まれているのであり、この身体は空間を占め、その空間のなかで出会い、把握される、そのような生物の形態なのである。これによって、人間の相互関係には身体的影響力の多様な可能性が与えられているが、この可能性のなかには人間によって否定的に感じられる可能性もある。人間という種は、人間の身体を拘束することができるし、人間を虐待し、切り刻み、その自由を剥奪し、いわんや結局は殺戮することもできる。身体的影響力の諸形態は、それが実際に執行されるのか、あるいは単なる脅しであるのかはさておき、身体的影響力にさらされる者を攻撃者の意志に従わせるために役立つ。その影響力の諸形態は「強制」の手段であり、しかもきわめて徹底的な強制の手段である。その手段は殺人という極端な事例が示すように、実際、人間が思いどおりに使える「究極的手段」である。人間の国家を形成し、この国家の内部統制を図り、そうしてこの国家を外部に向けて主張することが、何としても必要であるならば、そこには強制力を使用する可能性も存在する。まぎれもない事実として、人間は国家を築き、国家を維持する点でも、あまねくこの強制力の可能性を徹底的に利用してきたし、またその可能性を絶えず利用しているのである。

　われわれはいま比較をして見て、国家生活において生じる、身体的な権力行使の動機から表面的な自明性を取り除くことができた。しかし、この国家生活の機能をその意味に即して明らかにし、その有効性に即して正当に評価することが重要であるならば、再度、比較を行うことが、われわれの助けになる。だが今度は、それは比較のための比較ではなく、われわれに役立つような、実際にわれわれに周知の生存形態での比較である。身体的な力の行使の可能性は、人間に限定されるものではない。それは動物のすべての生存領域に及んでいる。動物界では征服と絶滅の出来事はいたるところで、われわれ人間とは異質な様相を見せる。ネズミは猫の、ガチョウは狐の、蛙はコウノトリの犠牲になることは、われわれにとっては自明のことである。だが、一見してわかることだが、ここで考えられている力の行使の形態は、われわれが国家の現実において遭遇する形態とは異なっている。獲物を狩る動物と餌食になる動物は、通常は異なった種に属している。だが、国家の土台に根を下ろした権力行使は、人間から人間へと伝播し、したがって人間という同種内で展開される。

たしかに動物界にも、同種内で力の行使がないわけではない。餌と餌場を獲得する闘い、雌を求める雄たちの闘い、群れを率いるボスの闘いがある。だが一般的には、あるいは正常な状態では、動物の力の行使は同種内の生活から排除されている。切迫した生命の必要性によって同種の動物たちを闘わせる特殊な状況があるだけなのだ。たいていの場合、同種の動物どうしは互いに干渉し合うことはない。

人間生活における暴力行為の布置についていえば、事情は逆である。たしかに、人間も他の生物種に対して力を行使する。人間は幼い頃から自己保存および生存範囲の拡大のために、動物との戦いを何としても克服する必要があった。さらに、この動物との戦いで勝利したときにも、人間は栄養の摂取と作業能率の向上のために動物を利用しつづけてきた。だが人間の動物に対する力の行使の諸形態は、人間の共同存在を狙いとする別種の権力行使の諸形態の背後では、規模と重要性の点で、何と影が薄くなっていることか！動物の生存において特例であることが、動物の生存の決定的動因である。人間に対する力の行使を動物の生存構造から抽出して考えることはできないのである。

しかし、動物界との比較は、人間の生存様式の特殊性を明確にすることに役立つだけではない。この比較は、人間の生存様式において働いている生き生きとした諸力の特性にも焦点を当てている。動物の生存形態において、同種内で生じる力の行使の余地がほんのわずかしかないという事実は、きわめて簡単な理由による。動物の生存領域では、「自然」と呼ばれる、隅々まで統率する力によってあらゆる行動が規制され、方向づけられている。「種の理性」が要求する個体の行動は、その生活を制御する本能によって明確に規制される。種の保存には、「種の理性」が何よりも重要なので、この「理性」は種の存続が疑わしくなるかもしれないあらゆる性向を、それが種の保存にとって危険にならない程度に、種内抑制をしなければならない。かくて「種の理性」は、個体が同種の存在を攻撃しようとする本能に対しても、その余地をほとんど与えないのである。これに対して、人間の生活では、人間の歴史の種々の状況で証明されるように、同胞に向けられる野心や行動が肥大し、強力になったならば、それは人間が眼前の命あるものを守ろうとする母性的な力では、とうてい自分の行為を制御できないという決定的証拠のひとつである。

2. 権力行使の二面性

人間の権力行使の現象において、われわれの身にとくにわかりやすい形で起きることは、人間一般の本質と宿命にとってきわめてゆゆしき事態である。人間はすべての有機物と異なり、「自然が手を引いた」被造物である。人間は自然という思いやりのある保護者の後見から解放され、自分のことを自分で決める道を選んだのである。人間はどこにいようとも、躊躇なく歩まねばならない一本の道を見ているわけではない。人間は人生の歩みにつれて、多数の可能性に何度も向き合い、この可能性の狭間で自ら決心して、決断を下さなければならない。人間には人間に対する権力行使の根本的な可能性が、かくのごとく与えられている。だが、人間共通の能力は、たとえその能力の使用がいつ考慮されようとも、その能力はそれ自体としてやはり一定のあり方で調整されているわけではない。その能力行使の条件も方法もつねに未決のままであり、その能力をもつ主体の意志が、そのつどはじめて決定を下すのである。すなわち、その能力が発揮されるのか、停止されるのか、あちこちで、あれこれと現実のものとなるのか否か、その決定を下すのである。どのような場合にも選択が必要となる。いかなる自然の有益な助言も、どのような本能の助言も、選ぶことのできる選択肢をひとつに絞ることはできない。人間の決断は運命づけられているわけではない。人間がそうした決断の状況につねに身をさらすことこそ、人間の「自由」というものである。人間に対する力の行使の可能性もまた、人間の自由の可能性にゆだねられているといえよう。

検討しておかねばならないが、ここで取り上げられる「自由」の概念はドイツ人の世俗的な哲学的思考に含まれている内容よりも、さらに多くの内容を含んでいたのである。もともと西欧古典時代から自由の概念に見られる傾向は、われわれが「自由」というものに積み重ねてきた諸々の意志決定の明確でかつ好みに合った部分だけしか含んでいなかった。こうした自由の概念では、倫理的判断によって是認される人びとだけが、多様な意図と行為の全体から「自由」と見なされる。倫理的要求に即した事態に有利な結果が、選択的状況から生じてくる場合にだけ、「自由」は活動する。このことが該当しない一切の意志決定は、したがって「不自由」なのである。だが、この「不自由」の本質を肯定的に規定することが大事であるならば、「不自由」は「必然性」と同一視される。この「必然性」はまた、決断を促される意志が自然的諸原因によって、倫理的要請を満たせなかったという点で、詳細に理由づけられている。諸々の自然的衝動、諸欲求、いろいろな情熱、これらにおける自然な身体的諸現象は、自由意志を屈服させる対抗力とは決していえないのである。思うに、この自由の理論の正しさを、ここで論じられる権力行使の諸活動と同じように検証したくなるような、人間的な意志生活の諸現象はわずかしかないであろう。それは、次のような理由から、事実そのようにいえるのである。検証のために最適なのは、自然の領域にもっとも近い人間の諸行為である。それというのも、この人間の諸行為のなかに、「自然的」諸原因に還元される諸行為があることを説明すれば、それがやはりもっとも簡単であるといえば、簡単かもしれないからである。それゆえに、検証されるべき自由の理論が、その検証のもっとも有利な機会においてやはり検証できないとすれば、その自由の理論は自らにとってきわめて有利な機会で、結局、破綻するのは明らかである。ところが、権力行使の諸活動は、人間的な諸行為が自然の最深部にまで入り込んでいる領域に疑いなく属している。それというのも、権力行使の活動は「精神」面で経験する権勢感と高揚感にもかかわらず、結局は身体的発現そのものの自然的な力の源泉に依拠しているからである。検証されるべき自由の理論が正しいというならば、問題となる諸活動はいったいどのような状態にあるのだろうか。問題となる諸活動は、権力行使の倫理的に肯定され、したがって「自由」であるような諸活動と自然的な諸原因によって生じる、それゆえに「不自由」であるような活動との二つに分裂せざるをえないであろう。ここで倫理的肯定が一般的に考慮に値するのか否かについては、さらに説明が必要ではあるのだが。われわれはすでに、「自然性」という名辞に相応しい権力行使の諸事象を十分に理解した。動物界の力の行使に含まれる事象は、例外なくこの自然性の特徴に当てはまるのである。だが、同様な種類の事象は、どこにおいても実際に重要なのだろうか。このことはたしかに疑わしいといわざるをえない。それというのも、この評価的判断は、「自然本性的な」暴力行為の問題が人間なのか動物なのかによって、まったく異なる事態になるからである。「自然本性的」と判断された暴力行為が人間によるものであるならば、この暴力行為は倫理的要請に反すると評価され、それゆえに決定的に否定される。人間が「自由でない」ということは、暴力行為の実行者を倫理的に承認しない、ということである。人間は「本能的に」激高したならば、非難される。自然本性によって暴力行為が誘発される動物であれば、そのような非難はまったく問題にはならない。それどころか、問題行動が「自由でない」ということは、問題行動をする動物の倫理的責任が回避されることでもある。周知のことであるが、そうした行動をする動物は自分ではどうにもならない自然本性に従うしかなかったのである。そのような動物が力を行使しない場合に賞賛されることに意味がないように、その動物を非難することにも意味がないといえば、そのようにいえるであろう。必然性に徹底的に支配された領域では、否定と肯定は同等ではない。あらゆる動物的なものは、事実、純粋な自然、すなわち「善悪のはっきりした世界」であるがゆえに、倫理的には無関心なのである。それに対して、人間のいわゆる「自然本性に起因する」諸行為が倫理的に拒否されるならば、その諸行為は実際には、動物の行動様式によって主張されるような意味で、「自然」ではないということである。かりに、人間の諸行動が動物的行動のごときものであるとすれば、その諸行動を非難することはまったく無意味であろう。しかし、その諸行動が、肯定に値すると思われる諸行動と同じく、「自由」である場合にだけ、その諸行動の否定は可能な限り一般的に問題となる。善と悪への分化が始まれば、自然的なるものの範囲はただちに踏み越えられる。その範囲は特定の場で、つまり倫理的肯定に値する諸行動においてだけではなく、行動の全体においても踏み越えられる。もはや、「自由な」諸行動と並ぶ、「自然に起因する」諸行動もまた存在しない。むしろ、この自然の範囲の諸決定において現実となるあらゆる事象が、自然の卓越性という意味で「自由」といえるのである。決断を促された主体が、選択しなければならない諸可能性に根本的に同じ態度で、つまり受諾と拒否の同じような全権をもって向き合うのではなく、むしろ自然の強制力のような諸可能性の一部にゆだねられているとすれば、それはまたいかなる「選択」なのだろうか。選択とは、否定的価値がまさしく肯定的価値の決断を阻害する場合にだけ、行われることである。

したがって、人間の内面で闘い合っているのは、倫理的自由と自然的必然性ではなく、対立的な意志であり、この意志のなかで倫理的自由と自然的必然性が意のままに振る舞うのである。まさしく自由の本質は、自由がいくつかの方向に束縛されるのでもなく、また多様な選択肢を思い浮かべるだけでもなく、直接に対立し合う欲求の分裂のなかで決断を行わねばならない、ということである。自由はつねに肯定と否定に直面して、くり返し決断を迫られる。自由の本質は自然の確たる明瞭性とはまったく異なっており、曖昧さ、すなわち二面性をもっている。人間生活の倫理的判断に認められるべき深い意義が明らかになるのは、まさしくこの二面性からである。人間は絶えず自らに要求される肯定と否定を、気分や恣意を越えて主張したいという、逃れがたい欲求を覚えるがゆえに、倫理的に思慮するしかないと感じるのである。倫理性は、二面性を気まぐれな断定で克服するのではなく、主観を越えた秩序の基準で乗り越える、つねに再生的な試みなのである。

われわれはここまで、「自由」の包括的な概念を人間の諸行動でもって説明してきた。この人間の諸行動は、その具体化の様態によって、きわめて広い範囲で自然本性の領域に入り込み、それゆえに人間の管轄領域をやすやすと逃れるように見える。われわれが人間の狭く理解されすぎた自由概念の根拠の薄弱さを、とくに効果的な形で立証できたことは、理論的な利点だけではなかった。それは、またとくに人間の諸行動から外見的にすぎない「自然性」を取り除きたいという実践的な理由でもある。人間はある行動が見かけ上の自然性を装えば装うほど、その行動を考察したいという誘惑に駆られるが、そうすることで、行動の倫理的吟味を放棄する危険性にいっそう強くさらされる。「自然的なるもの」とは議論の彼岸にあるもの、議論を控えるべきもの、それに関与することが理に反するものと、いえるのではないか。こうして、人間のあれこれの行動を支配する二面性は忘れ去られる。倫理的良心は、その問いかけがもっとも必要となるような場面で、その力を奪われることになる。かくて人間は、自分が自然的事象にきわめて狭くとらわれている場合にはまさしく、迷妄と蹉跌の可能性にさらされるが、「純粋に」精神的な活動の領域はこの点について、まったく何も知らないのである。そのような場合には、人間に倫理的な警戒心の義務をとくに厳しく説き聞かせるに足る理由がある。たとえ、身体的な権力行使の諸活動が人間の行動領域にもともと組み込まれていても、われわれはいまや、広範に権力を行使する国家が、倫理的生活にとって最高の危険領域であると想定してもよいであろう。

3. 権力と生成した秩序

われわれは、「自由」概念のなかに身体的な権力行使の可能性を含めるが、このことできわめて矛盾に満ちた状況が現れる。その状況は、自由というものが個的存在に、いわば競争相手のない主体に息づくのではなく、交流し合う主体の多様性、つまり「個人」の多様性のなかに宿るという事実から、生じるのである。この事実により、個的存在としての人間は、権力の自由奔放な使用によって、自由を共有する自分の同胞から自由を奪うことができると気づく。個的存在としての人間が一般的に、あるいは特別な場合に、実際に自由を放棄しようとするのか否か、またいかにしてそうできるのかは、個人の自由にゆだねられている。自由と真逆の事態を現実にすることも、個人の自由にゆだねられているのである。

このような矛盾した状況を意識するならば、厳格な道徳主義が受け入れようとする厳しい要求を理解することができる。つまり、人間は自分自身において具現化される自由を完成しようとすれば、同じ自由を分かち合う同胞に対する権力行使の可能性を無条件に、いつでも、どのような状態においても放棄しなければならない、ということである。人間がやはりそのさいに堅持するどのような条件も、自分自身に対する矛盾、自分の最高善の否定、自分の尊厳の放棄を意味する。それどころか、このような断念の覚悟は人間の自由意識の真正さを、結局は決定的に試してみようということなのだ。

だが、われわれがこの厳格な道徳主義の要求を、それが正当か否かという観点で吟味すれば、われわれは思いがけず、いま示された矛盾を抱えつづけるだけではなく、しかもその矛盾をさらに先鋭化せざるをえない状態に置かれる。第一に、この道徳主義の要求に対して、人間は自分の同胞に対する権力行使の可能性を決して放棄できないという証拠が突きつけられる。だがたとえ、この証拠が批判の余地のないものであっても、道徳的厳格主義は自らの要求の主張を一瞬たりとも、ためらうことはないであろう。道徳的厳格主義は、正当な反論をするであろう。倫理的要求はその要求と実際の行動が矛盾しているとしても、その最小限の妥当性を失うことはないのだと。この矛盾が事実の領域にあるのではなく、価値的事象自体の領域に、したがって倫理的要求もその一部をなす領域にあるならば、事情は違っている。だが、はたして事実はこうである。すなわち、人間は同胞に対する権力行使を放棄する意志がないばかりか、外的な理由でそれができないわけでもなく、そうではなく人間は同胞に対する権力行使を放棄すべきではない事情、この事情が明らかにされなければならない。それというのは、権力行使の放棄が人間の使命の実現にあたって、人間を阻害するかもしれないからであり、それどころか権力行使の放棄は倫理的厳格主義にとってとりわけ気がかりな事態の展開を、つまり人間の自由の展開を、人間に不可能にするかもしれないからである。人間は最高の倫理的要求に照らして見れば、自由であるためには、自由を強制力で阻止せざるをえない生物であることが判明する。まさしく人間の国家では、こうした強制力の必要性は明らかである。

われわれはこの広範に及ぶ諸命題を基礎づける課題に迫ることで、その基礎づけを軽々しく扱いすぎることに注意しなければならない。われわれが、すでにたびたび検討したことに立ち返ろうとすれば、われわれは必ず陰口をたたかれるかもしれない。国家は共同生活の秩序を守るために創設され、この共同生活の秩序は、この秩序の敵対者による妨害行為の脅威から守られなければならない。このように指摘することで、国家による権力行使の必要性を何度も明らかにしようとしたのではないかと。ただし、このような根拠で考えられる、敵対者とその妨害行為には二つの区別がある。ひとつは、国家共同体の「内部」に現れる犯罪者とその不法行為であり、もうひとつは、共同体の「外部から」迫る敵とその侵略である。

ところで、いささかも疑う余地のないことだが、いま述べた事態の二つの区別は、国家の権力行使の正当性と必要性をとくにはっきりと示している。この二つの区別が役立つのは、問題となる行動の特殊な事例だからである。つまりその区別が異例であり、かつ重要であるために、とくに目立つ事例だからである。だが、この二つの区別は共同生活の例外的状況を表しているからこそ、問題の核心にはとどかない。この種の例外的状況が生じ、それが権力を登場させるためには、生活はすでにある一定の安定状態になっていたはずであるし、この安定状態と比べて見れば、制圧されるべき諸々の行動は混乱状態として際立ってくる。ある事態が「混乱状態」と見なされるのは、その事態が「正常」と認められた状態に違反した場合だけである。混乱の可能性をほのめかして権力行使を正当化せんとする者は、正常な生活状態を前提として事態を熟慮する。しかし、そうした前提によって、権力行使の問題が早々と切り捨てられてしまう。つまり、権力は正常な生活状態の生成と持続にまるで関与していないかのように見えてしまうのである。権力は、正常な状態に安全装置として添えられているだけであり、正常な生活状態を築く諸力に数え入れられるべきではないかのごとくである。だが、このことはまさしく、権力が緊急措置にすぎないのか否か、という問いでもある。あらゆる事態が正常であるとすれば、あるいは、たとえ正常な生活状態の生成と持続のために権力を必要としようとも、権力の使用は必要がないのか否か、という問いなのである。それはどのような事情なのか。われわれがこの事情を判断できるのは、前提とされた正常な生活状態に何が本質的に含まれているのか――

このことを考慮する場合だけなのである。

いま述べたように、権力の防衛的機能を定義する者は、この定義によって二つの区別を前提としているのであり、権力行使はこの区別に即して自らの立ち位置を知らねばならない。防衛的権力が行動を起こす二つの方向の間がまずは仕分けされる。それは、集団の「内部における」混乱状態に対する権力行使の行動と「外部から」の脅威に対抗する権力行使の行動である。この二つの行動が仕分けされる状況は、どのようなものでなければならないのか。問題となる集団は、この二つの権力行為の方向性が互いに厳密に分離するような確固とした安定状態であったはずである。その集団の安定状況と限界状況がまだ流動的である限りは、権力行為の二つの方向性はしかるべく仕分けができるほど、はっきりとしてはいなかった。

いま述べた第二の区別、つまり集団の「外部から」の脅威に対抗する権力行使の行動についても、同じように考察されなければならない。この外部の脅威に対抗する事態は集団の「内部で」生じる出来事に関連している。国家的な権力行使が、集団内部の平和をかき乱すような行動に向けられるならば、このことで集団の内部で生じる諸行動の全体はきわめて重要な二つの行動に区別される。まずは、集団の結束を危険にさらす行動が明確にされ、そうして特別な取り扱いをされる。その行動は全体から強く否定され、「禁止」される。このことを強調することで得られる結果として、そうした禁止行動から区別されるのは、全体からいかなる異論も出ない、つまり「許可された」行動である。もちろん、行動は禁止と許可の単なる区別にはとどまらない。両者の違いは先鋭化して、対立にいたる。行動を禁止する「否定」は、対立項として「肯定」を要求する。この対立が作為的な対立でないことは、ここで解明されるべき諸行動の構造においてただちに明らかになる。国家的な権力行使が向けられる諸行動が「禁じ」られているならば、禁じられている事態を阻止するために生じる諸行動は「許されている」だけではなく、「必要」だということになる。したがって、禁止された行動は、厳密には「否定」というより、「肯定」の特徴を帯びている。肯定と否定の相関性がさらに先鋭的に現れるのは、国家権力によって「妨害的」と見なされ、鎮圧される諸行動のなかには、それ自体、権力の行動であるような諸行動がきわめて広く存在することを、われわれが記憶しておく場合である。国家は「必要な」権力を行使して、「禁じられた」権力と闘う。それゆえに、この場合には、必要な権力と禁止された権力が対立し合い、この二つの権力は互いに絡み合い、それぞれが明確になってくる。人間の行為の可能性も同じく、それは相争う対立的な現実の形態になる。しかし、この対立が鋭くなればなるだけ、いっそう看過できないことは、その対立がひとつの集団のなかだけで認められ、受け入れられていたということ、そうしてその集団内の生活がすでに何らかの形態に達し、安定していたということである。簡潔にいえば、この対立は一定の形式に達していたはずなのである。われわれの考えるこの一定の形式とは、集団の「秩序」という表現をすれば、まさしく秩序である。肯定と否定の対立において、秩序という表現はこの上なく厳密な表現である。その秩序が存在しないか、あるいはまだ生成中である限りは、肯定と否定もまだ、集団内部で生じている諸行動の明確な仕分けと選別をするほどはっきり分化してはいなかった。したがって、その限りでは、明確な諾否を規準とする、いかなる権力行使も存在しないのである。こうした規準が可能であるなら、その規準はすでに通用している秩序に基づき、かつその秩序に即しているわけである。

4. 秩序と自由

前述の二つの観点で明らかになったことは、こうである。権力が秩序の庇護者として活動できるために、秩序はすでに、権力が投入されるべき諸行動をはっきりと仕分けて、その行動を強調していたはずである。そうして、いまや問題は、権力に対して確固たるものとなった秩序が権力とは無関係に成立して、ただ受け入れられなければならないだけの、また守られねばならないだけの所与の事象なのか否か、あるいは秩序は何らかの形で行動の区別が生じることに関わりをもっていたのか否か、ということである。国家を形成する諸力の圏域で、秩序には居場所があるのか否かということは、この問題への応え方次第であろう。

われわれが、この二つの可能性のうち、最初の「必要な権力」の可能性を示す事例を、実在する集団の形態で観察できることは、きわめて有益なことである。集団の秩序がその構成員全体に実際に所与のものであるような、つまり抵抗なく受け入れられ、例外なく守られる所与のものであるような、そうした諸集団がある。そのような集団は、またしても動物界において、やはりそうした名辞で人間集団と比較される集団において、きわめて完全な形で形成されている。それはいわば「動物国家」である。何が「動物国家」という命名のきっかけになったのか。われわれは、この動物国家において個体の多様性が全体へと統合される集団を見ている。この集団全体は、外部に向けて明らかに閉鎖され、内部に向けては統一行動をするように組織されている。その集団は、とりわけ秩序の完璧さによって国家という名辞を要求する権利をもっているように思われる。その集団は完璧な秩序によって統一され、その秩序によって、考えうる限りの密度の濃い統一体となるだけではなく、実に驚くべき作業能力を発揮する。

ところで、国家という名辞が正当であるか否かはどちらでもかまわないのだが、いずれにせよ、人間の集団と動物の集団の比較を促す共通の特徴が、多々認められる。しかも、詳細な比較が行われるならば、その共通の特徴からこの二つの共同体の形態を区別する実態がますますはっきりとしてくる。

まず第一に、動物集団において注目すべき点は、その集団の秩序が権力行使の諸活動によって守られ、維持される必要のないことである。その集団内には集団の秩序を妨害するかもしれない攪乱もなく、攪乱者もまったくいないので、権力行使の活動は必要ではない。このことに対する反証として、働きバチが雄ミツバチを全滅させる事例をもち出すとすれば、それは間違いを犯すであろう。それというのも、この事例のような、実際に全面的で徹底的な暴力行為は、かりに秩序を脅かす妨害行動の阻止が重要であるとしても、決して必要とはならないからである。いや、そうした力の行為は秩序自体の不可欠な要素である。その力の行為は全体の目的に適った素質のなかに、その他一切の非暴力的で部分的な活動と同じようにあらかじめ組み込まれている。この非暴力的な部分的活動によって、全体的な仕組みが機能するのである。防衛に役立つ権力行使が「動物国家」では、なぜ完全に消失しているのかは、いま述べたことから明らかである。集団を構成する各個体の行動様式は、その個体を統制している種の本能によって明確に決定されている。全体によって要求される方向性から逸脱するいかなる可能性もない。このことで、権力行使のない実態の外見的な特徴の根本的事情が明らかとなる。ここには、肯定も否定も存在しない。もちろん、権力はこの肯定も否定も尊重することに眼を光らせていなければならないのではあるが。自分の役割をやみくもに遂行する動物に対して、要求と禁止はほとんど意味がない。動物の生存形態から倫理的判断による肯定と否定を除去する本質特徴からいえば、動物の共同体には国家的な秩序による肯定と否定も用をなさないのである。動物は善悪のはっきりした世界に、したがって要求と禁止のはっきりした世界にいる(人間による調教によって、人間と表面的に比較できるような諸現象が起きることは、動物を人間的なものに同化させることではなく、むしろ動物的なものを歪めることである)。「動物国家」の秩序が機能する完全性はまさしく、いかなる危険も感じないような意識の麻痺状態に基づいている。この意識の麻痺状態によって、「動物国家」の構成員はいかなる外界の呼びかけにも応じることはない。さらに、この明確な適応の特性によって、「動物国家」の構成員は共同生活を営むだけではない。この共同生活の整然とした、円滑な遂行は賛嘆すべきものである。動物国家の成員はこの特性によって、少なからず驚嘆すべき全体作業を行なう共同活動の能力をもつことができる。つまりこの適応の特性によって、動物の各個体は秩序に順応することで、同時に全体に対する義務を負った課題遂行に部分的に役立つ働きもするのである。動物集団の全体を統制する秩序はそれ自体として、作業秩序だということもできる。

このことで、注目すべき根本的な事態がきわめてはっきりする。すなわち、動物集団を形成する各個体にとって、その集団の秩序は実際に、抵抗なく受け入れられる所与の事象である。この集団の秩序の存在とあり方を認定することは、個々の動物が関与することではなく、個々の動物の本分はその秩序を維持することだけである。そうして、この秩序の維持もまた、善意の、かつ熟慮の結果からではなく、決して揺らぐことのない内的衝動によって自発的に行われる。人間との比較のために、決定的な事実を端的に強調すれば、動物における秩序は所与の事象であるがゆえに、そこにはいかなる自由もないし、また、いかなる自由もないがゆえに、権力も必要がないのである。

このことから、人間集団の構造を振り返って見れば、われわれにとって周知のことは、動物集団ときわめて鮮明な対照をなしている。すなわち、人間集団には自由があるがゆえに、権力が必要となる。自由と権力が結合することで、人間集団は動物集団とはかなり異なった集団である。それにもかかわらず、人間集団は動物集団と同じように、権力を――権力とともに自由も――制約する秩序に従うなどということは、考えられるだろうか？

個々人がその所属集団の秩序に対して取る態度を思い浮かべて見れば、この問いに応えることができる。人間個人は秩序に「自由」に向き合っている。このことは、動物の秩序と比較していえば、人間個人は、動物がその集団秩序でこうむるような強制力に支配されていないというだけではない。もしこれが、貧弱な自由概念であるというならば、この自由概念は否定的な規定しか含んでいないといえば、そういえるかもしれない。この自由概念がいかにして否定的な規定を越えるのかということこそが、この自由概念の本質なのである。さらに、動物の組織内部と比較して見れば、より多くの実態が鮮明になってくる。動物が全体の秩序に従って生存する状態は、やみくもに駆り立てられている状態である。動物は自分の義務を果たすのだが、自分の行動の理由を認識してはいないし、行動の根拠と方向も認識してはいない。動物は、自分がそのように完全に順応する秩序を「理解して」いないのである。だが、自由に決定を下す意志をもつ人間は、自分を取り巻く秩序に対して、動物とはまったく異質なかつ本質的に複雑な状況で向き合うのである。まず、人間はこの秩序自体を、やみくもに従わねばならないような、理解しがたい基準として受けとめるのではない。人間は、秩序が命じる肯定事項と禁止事項を明確に認識しており、十分に理解している。さらに、このように認識するならば、行為が秩序の指示に応じて、機械的に生じることはない。そうではなく、人間は秩序による態度決定を求められ、秩序に従って行動しようか、しまいか、やっとのことで決断を下すはずである。この決断はそれはそれで、あれこれ無定見で偶然になされたものではない。その決断は十分に考え抜かれた「さまざまな理由」で下される。言葉の本来的意味での「意志決定」とは、主体のなかで進行する事象のことである。ただそれは、この主体が「動機をもっている」場合に限られる。要するに、秩序に心を動かされる人間は、秩序が含む事柄に対して個人的な態度を決めるということである。この意味はこうである。すなわち、そのような人間は、秩序による肯定と否定に対して、自分自身による肯定と否定によって、つまり自分自身の意志が現れる肯定と否定によって、対応するということである。いわば秩序による肯定と否定は、意志において出会う本質的に似かよったパートナーである。そうして秩序は、秩序に心を動かされる人間が秩序に即して行動することを期待する。秩序の意味と使命は、このような人間を、すなわち要請と禁止を理解しつつ受容する能力および要請と禁止に結びついた権力の脅しを、自らの動機形成において、しかるべく評価できる能力のある人間を頼りとするのである。

かくて、個人的意志の肯定と否定が現行秩序による肯定と否定に対処する場合には、個人的意志の肯定と否定は現行秩序のそれと合意することになる。こうした順応性を証明する、きわめて重要な動機は充分に存在する。だがしかし、個人的意志が現行秩序による諾否に対立する諾否を固執する事態も、また生じるのである。したがって、現行の秩序と個人的意志が一致する保証など、決してない。

秩序と個人的意志の、いったい、どれほど豊かな可能性が開かれるのか。このことは「個人」という概念が何を含むのかを十分に考慮する場合に、はじめて明瞭になってくる。「個人」という概念は、個別性だけではなく、この概念の範疇に入る人間の質的な特異性にも焦点を当てている。個人という概念は、「人間」という生物が時空に果てしなく拡がる多様な状態を意味している。この多様性にきわめて厳密に対応するのは、秩序に対する態度を状況に応じて決定する多様な動機である。個人が現行の秩序と折り合いをつけるならば、そのためには利他的に適応しようとする義務感も、懲罰を覚悟せざるをえない当然の不安も、同じように重要である。個人が現行の秩序と相容れないならば、現行の秩序によって不利益をこうむっていると感じる敏感な正義感も、秩序違反の利点を期待する利己心も、同じように個人を動かす原動力である。そうして、この両極端の間には、ありうべき意志態度の多様な階梯が、ここかしこに広がっている。つまり、それはきわめて異質な内容と序列の動機であり、この動機に従って秩序と個人的意志の関係がそのつど決まってくる。「動物国家」のように、あらかじめ決定され、そして決して逸脱を許さない秩序によって形成され、動かされる生の構造と、予測できない意志の揺らぎとを区別する大きな隔たりが、いまやっと測られるのである。「動物国家」では、そのメカニズムがぶれることなく確実に働くが、人間の意志において、全体はつねに未決の状態である。秩序と意志の二つの構成要素は――生はこの二つの間で営まれるが――たしかに、きわめて厳密に依存し合っているが、しかし秩序と意志は決して無秩序なわけではないのである。秩序は自分に従うような意志、一方でまた、自分から逃れることもできるような意志に訴えかける。意志は秩序をめざすが、秩序を支持したり、しかしまた秩序を破ったりすることもできるのである。

5．権力と秩序の生成

ところで、秩序と意志の不安定な関係は、この二つの確実で、持続的な関係をつくり出すための、もっとも都合のよい状態を考察することで明らかになった。われわれはこれまで個人と「現行の秩序」、すなわち、すでに制定されて、一般に承認された秩序との関係だけを問題にしてきた。だが、われわれはこの現行の秩序でさえも、それが個人にとって抵抗なく受け入れられる所与のものでないことを確認しなければならなかった。現行の秩序と個人の関係は、出発点がまったく曖昧な説明で、いつも規定されているのだ。われわれがこの前提を放棄し、そうして必要な前段階として現行秩序の存在以前の段階へ問題設定を拡大するならば、その関係はいったいどのような状態なのだろうか。動物国家の秩序が動物たちにとって現実であるように、人間集団の秩序は決して「そこに」存在するだけではないことを、やはりよく考えてみよう。自由を望む人間、したがって所与のことによって束縛されていない人間、この人間の秩序が重要であるがゆえに、その秩序はそれが存続できた以前に成立していたはずであった。しかもその秩序は人間に下される天命によるのではなく、まさしく意志によって成立していたはずであった。その意志と既存の秩序との関係がこれまで検討されたのである。だが、われわれが未完の、いまだ生成中の秩序の段階を想定して見れば、やはり次のことがただちに明らかとなる。すなわち、われわれが、前提となる秩序の生成段階に立ち返れば立ち返るほど、われわれが制定された秩序の状態で明らかにした、秩序と意志の不安定な関係がますます強くならざるをえない。それというのも、この不安定な関係においては、肯定と否定の対立が徐々に、少しずつ曖昧になり、不確実になるからである。制定された秩序はこの対立によって定着するのだが。明確な要請と禁止に代わって、さまざまなかつ矛盾し合う諸要求の混沌がますます現れてくる。この諸要求のなかの、いかなる要求といえども、一般的に承認された審判という名辞では、肯定も否定もされないであろうし、そのいかなる諸要求も自らと自らの要求だけしか知ろうとはしない。こうして、対立が避けられない場合には、秩序の妨害者の役割も、秩序の守護者の役割も肯定と否定のどちら側なのかは、決して明確にできないのである。したがって、制定された秩序においては、行為が多岐に分かれるが、それを仕分けるのは不可能となる。しかし、同じことは、たったいま論究された区別と結びついていると思われたもうひとつの仕分けについても、いえることである。つまり、いかなる関係が「内側に」向かうのか、いかなる関係が「外側に」向かうのか、このことは状況が絶えず変化するので、確定できない状態である。それというのも、この不確実な状態はとりわけまた、秩序の生成によって心を動かされる諸個人はどれほどなのかということが、やはりまだまったくはっきりとしない点にも現れる。一方で、個人が秩序に包み込まれるのか、あるいは秩序の圏外に置かれるのかが、個人については曖昧である限りで、個人と秩序の関係は「内に」向かう関係なのか、「外に」向かう関係なのかも明確にはできない。集団は、その内的な状態についても、外的な境界設定についても、出発点とされるような所与のものではなく、むしろ当初はこうした所与の形態に対抗して形成される課題的なものである。だが、この所与の形態がまだ生じていなかったならば、個人と所与の形態の形成のために闘う世界との関係もまた、不安定で、欠点があり、変化しやすい状態であるにちがいない！

いま述べた状態が曖昧でけじめなく、限りなく変化することについて十分に釈明されるならば、いったい、いかにして秩序のようなものが、この混沌状態から生まれるのか。この問いに応えなければならない。混沌状態には、平和的合意のための、つまり根拠に基づいて説得するための、あらゆる前提がほとんど欠けている。制定された秩序に従って、平和的交渉の手段でも解決が得られないとすれば、その手段は混乱の収拾にどれほど役立っているといえるのか！かくて、残りの解決策はただひとつである。いろいろな釈明にもかかわらず、交渉の進展が見られないならば、助けになるのは権力の行使しかない！権力だけが、どのような矛盾も黙らせる言葉であり、議論の余地のない事実を表す言葉である。約定が競合しあって諾否の断を下せないならば、無敵の権力だけが、その断を下すに足る強さをもつ。競合し合う約定が諾否の断を下せない理由は、諸々の現実がその約定を選ばなかったということなのだ。それゆえに、権力だけが救いようもなく混迷した状況から現実的な秩序を勝ち取ることができる。だが、権力がこのように有無をいわさず断を下すならば、権力はすでに制定された秩序をもって、自らに与えられている役割を果たすことはできない。権力は秩序の妨害者に対抗して、秩序のために登場するのではなく、秩序を維持する要素と秩序を妨害する要素の対立がとりわけ明瞭になる事態を、まず最初につくり出す。権力は秩序の体系が達成される、いわば基盤を整備するのである。そうして権力は、他方で否定できない事実の言葉によって、権力による被支配者とそうでない者とをはっきり区別することで、集団を対外的に閉鎖する境界域を同時に定め、戦闘に備えた監視人として、他国の諸勢力の侵入に対する境界線の防衛にあたる。権力は状況の支配者に昇格することで、二つの戦線を、つまり「内側」と「外側」に向けられた戦線をただちに編成し、かつその戦線によって組織された集団の統一と団結を具体的に示して見せる。これは、まさしくことの本質に根ざすことである。内側と外側への二つの行為の方向において、きわめて明確になる事態はこうである。つまり、権力は要請的行為と禁止的行為、対内的諸活動と対外的諸活動の既存の、有効な区別に基づき、その枠内で活動するのではない。そうではなく、権力固有の活動が行われることで、この要請的行為と禁止的行為の区別がようやくはっきりとした形を取り、それが実践に移されるのである。

国家的な権力行使の必要性の根拠が重要であるならば、権力が既定の確たる形態に達した秩序に役立つことを指摘するだけでは不十分だということであり、このことが明瞭になる地点に、われわれはいまや到達した。権力行使は細かく枝分かれしており、これは権力の必要性を根拠づけることで理解できる。秩序は、権力の介入なしでは承認されないだけではなく、自らの明確な輪郭さえも得ることができないかもしれない。われわれはこのように認識することで、ようやく決定的な事態に迫ることができる。秩序は権力による助産的な支援を頼りにしているのである。

6. 恒常的に生成する秩序

いま述べてきたことからいえば、国家に役立つ権力行使は明確に二分された局面で起きるように見えるかもしれない。すなわち、第一の局面は、権力行使が生成しつつある秩序を支援して、それを存立させる局面であり、第二の局面は、権力行使が妨害行動に対して、制定された秩序だけを守る局面である。この二つの局面は事態の表層しか捉えていないし、また権力は見かけ上は完璧な秩序に従っていても、実は秩序生成の支援をやめないということ、このことが明瞭になることで、われわれは次の一歩を踏み出すことができる。その理由は簡単である。その生成に最終的限界を設定した秩序など、人間個々人から成るいかなる集団にも存在しないからである。制定された秩序が見かけ上は揺るぎない妥当性をもつとしても、新たな秩序は絶えず生成されるし、そうしてこの新たな秩序にしても、しばしば権力の支援なしでは明確な輪郭を描くことができない。

秩序形成のプロセスは完結することがない。このことを理解するためには、先に述べたように、真に個人的なあらゆる生活の多様な変化を思い出すだけでよい。構成員の行動が「種の理性」によって規制されている集団は、幾世代にもわたって同じ秩序形態を維持することができる。真の個々人によって、すなわち独自の感性、意志および行為で集団に対峙する個々人によって担われる集団、そのような集団は個々人のなかに、また個々人によって多様な考え方・信念・努力を必ず生み出す。それらは、その集団の秩序にさまざまなことを期待し、要求する。しかもそれは、現行の秩序に従うのを拒む狭量な利己心と恥知らずな貪欲であるとは限らない。責務に対する純粋な熱意、正義と善に対する情熱もまた現行の秩序において、うんざりするほどの、過大な要求にぶつかる。こうした不平不満にあるのは、秩序に対する抵抗ではなく、新たな秩序への意志、すなわち内在的な卓越性によって現行の秩序に代わる、適切な秩序への意志である。そうして、この意志は原則的には肯定される。それというのも、生活の避けがたい変化に対して、いつまでも正当であるような秩序など実際にはありえないし、いかなる秩序も無条件に存続を認められるわけではないからである。そのことは、新たな秩序の形態に移行する準備と前兆が、現行の秩序のなかで絶え間なく生じているということでもある。したがって、われわれが生成中の秩序の局面で考察した対立が完全に落ち着くことは決してない。この対立は、現行の妥当な事態と妥当性を求める欲求とのせめぎ合いにおいて、つねにくり返し生じるのである。もし、その対立がいつか完全に解消するとすれば、それは、その対立の解消した集団の命脈が尽きることを証明するだけのことであろう。

だが、もしこの対立がつづくならば、その対立を少なくとも期限付きで停止する決断が、どのようにして、その時々になされるのか。この問いもまた未決のままである。確固とした秩序が対外的な平和を維持するならば、非暴力的な対話の形態に裁量の余地が相当に与えられる。このことは、やはり認められなければならないだろう。対話の形をとれば、さまざまな論拠とその反論をもち出すこともできるし、説得的に語りかけることで支持者を獲得することもでき、痛烈な反論で反対者を黙らせることもできる。しかしながら、経験の教えるところによれば、全体的なものへの立ち位置が決まる確信の根が深ければ深いほど、非暴力的な対話の形では、論拠を示してももはや何の成果も得られないような問題点がますます明らかになってくる。それというのも、信仰心のような裁定が重んじられるからである。こうした裁定は、反論しようとしても無駄だといえば、無駄かもしれない。だが、諸個人の対立に対して、利己的な欲望の領域、個人的な利害の領域がきわめて有益な発展の条件になるという考え方には、用心してほしい！私的生活の単なる願望ではなく、全体の大きな関心事が重要である場合にはまさしく、その発展の条件はきわめて厳しい形となる。

共同生活の領域には、何と多くの可能性が、すなわち客観的でもあり個人的でもある可能性があることか！この可能性を実現する努力は個人の意志にゆだねられている。まず第一に、人間諸集団の組織が唯一の秩序の形態に頼らざるをえないような事態など、まったく存在しないのである。その形態を肯定することが善良な人にとっては当たり前のことであるのかもしれないのだが。あらゆる具体的状況は多様な秩序の形態を好みに応じて選ぶし、その多様な秩序の形態のあるひとつが明らかに優れているという理由で、いかなる疑念も排除するような状況はほとんど生じない。だが、秩序を制定するさいに、どのような人びとが指導的立場に立つべきなのか。これを決めることが重要となる場合には、途方に暮れるほど多くの可能性がますます現れてくる。この場合にも、指導的立場を闘いの標的にする、野心的で権力欲の強いライバルのエゴイズムしかないとは限らない。全体の福祉をめぐるまっとうな懸念も、どのような人びとが指導的立場に立つべきかという問いをめぐって、衝突を引き起こす。また、競争相手に対して特定の継承者たちをはっきりとした形で特別扱いする基準もないのである。

人間の共同生活は、秩序の意志に対して客観的で個人的な多くの可能性を開くが、この点を考慮すれば、人間の共同生活において、平和的合意の手段で調停できない対立がくり返し突発的に起きる事態を、よりよく理解することができる。だが、この平和的合意の手段が役に立たないとなれば、安定した秩序の状態にある共同体は、生成中の秩序の状態においても唯一明確な判断を下すことができる審判に、すなわち権力に、結局は引き渡されることがわかる。権力の絶対的命令はこの場合にも、あれこれと対立し合う状況から、何が有効な秩序として浮かび上がるのかを決定するにちがいない。たとえ現行の秩序が秩序改革の意志に優っていようとも、また台頭しつつある新たな秩序が不屈の意志に打ち勝とうとも、あれこれの解決策はいずれにせよ結局のところ、抗争し合ういかなる党派が物理的な権力行使の手段を掌握し、それを独占するかにかかっている。全体のためのきわめて気高い、毅然とした、この上ない献身的努力が究極的な理性の呼びかけによって、自分の責務を最終的に強調することがどうしてもできないならば、その努力はいかなる成果も得られない。

ところが、権力はこのような対立状態において、そこにある多様な意志表明のひとつと、その意志とは無関係に生じた傾向を世間に広める形式的機能をもっているだけではない。権力はこの意志表明の内容の決定にとっても、本質的に重要な意味ももっている。もし、強引な意志貫徹の可能性あるいはその必要性が際立つならば、その内容は異質なものになるのかもしれない。もちろん、決断によって生じる結果を考えることが、意志決定に備えた熟慮にはきわめて重要となる。だが、どのような結果といえども、身体と生命に及ぼす影響力よりも重要であるなどと、いえるのだろうか！権力に頼ることはこの影響力を覚悟の上でなのだ。まさしく、この予想される影響力を見通すことで、政治的決断を呼びかけられた者は生か死かが問題であるときにこそ現れるような究極の真剣さにいたるのである。自由な思いつきに遊んだり、現実味のない妄想のなかで彷徨したりする、こうしたあらゆることを効果的に阻止するには、生存がその努力の代償として、状況次第では当然危険にさらされざるをえないことも見込んでおくしかないのである。かくて、起こりうる暴力的な決着を見通すことで、行為者の精神は、綿密に練り上げられた計画策定と十分な責任を負った決意が真っ先に期待される状態に置かれる。秩序の維持や変革に参与できると思う人が自分に課せられた広範な責任を自覚することは、秩序にとって疑いなく大きな利益となる。

権力は集団の「内部」で、制定された秩序に従っていれば、排除されることもなく、妨害行動の阻止に限定されることもないことが、明らかとなった。この点でいえば、「対外的」な権力行使は、やはり平和の妨害者の排除だけを狙ったにすぎないと思われるのだが、この権力行使は好ましい状態といってもよいのだろうか？そのような期待もまだ実現されてはいない。集団が明確な境界線によって周囲の世界から距離を取るために、最初に権力行使が起きていたならば、悪意ある隣人の時折の不法行為だけでいつも不安にさらされつづける状態は生み出されなかった。ここでもまた用心しなければならないのは、平穏が期待されても、それがなかなか実現しない原因をただ利己心、貪欲、強欲という動機にだけ求めることである。このような動機の諸力がどれほど強くかつ広範に及んでいようとも、また国家的諸集団の外交的関係が、このような動機の諸力にどれほどいちじるしく支配されていようとも、この動機の諸力を指摘するだけでは、ここで起きている諸問題の核心を捉えることは難しい。重要なことはむしろ、こういうことである。すなわち、諸々の共同体が国家の形態にはっきりと統合されればされるほど、この共同体はますます緊密に団結して統一体をつくり、そうして全体的存在、全体としての個体、つまり「個を越えた実体」になるということなのだ。だが、この個を越えた実体の状況はどのようにして出来上がるのだろうか。同じような国家集団において、同じ秩序の庇護の下で共同生活を営む諸個人によってすでに確認されたことは、こうである。つまり、諸個人は種々の対立が深刻になりすぎて、どのようなことがあっても力による決着が避けられなくなり、その結果互いに離散したということである。個を越えた実体の状況においては、事態が比較的穏やかに進むことなど、考えられないのである。個を越えた実体は、一面では力と豊かな生において個別の存在をはるかに越えており、他面では自らを制御する共同的秩序をもはやもてなくなっているからである。この共同的秩序こそが、個別の存在の生の衝動を抑制し、そうして個別の存在に相互的な配慮を促したのである。表面的な利害の不一致だけではなく、そうではなく気質・素質・欲求・信条の調停しがたい対立、要するに組織化を求める存在の全体的な分裂こそが、安定した均衡状態を妨害しつづけているのである。平和的な説得では決して仲裁できない対立といえども、それはやはり最終的に決着を迫られるがゆえに、最終的で決定的な審判として残るのは、集団の内部におけるのとまったく同様に、権力だけである。この権力による対立が、ほとんど「境界」をめぐる争いの形態、すなわち領域内での争いと領域的なものをめぐる争いの形態となるならば、それは個人的な生存の拡大と向上をめぐる、対内的に深く進行する闘いの対外的な現象にすぎない。領域的な境界線のいかなる流動化も、目立たない諸勢力の変化を明らかにしているだけである。秩序の浸透と結びついている最初の境界線の設定は、締結を意味するのではなく、同じような衝動に満ちた隣接の諸勢力圏の絶え間なくつづく自己主張の闘いの発端にすぎない。いずれの国家的集団も、対抗的な諸集団とくり返し衝突する不安定な動きのただなかで、自らの生を営む。さらに、権力はこの混乱においても、妨害的事態を一掃するために、時折介入せざるをえない救援者であるだけではなく、状況をつくり出す諸勢力の対立を裁く上級裁判所のような力である。

一方で、われわれは内部における権力行使の持続的な活動を賞賛したが、この持続的な活動も外部へと方向転換することがわかる。この場合にも権力は、戦い合う生の諸力のひとつを、また権力に頼らずに成熟した潜在力を支援して、それを実現させる対外的な活動に限定されているだけではない。むしろ、権力は、競合する諸力を対内的な体制に整備する責務をはじめから担っていた。この体制は最終的な決断の形態を見通すだけで成立したのである。他方で、最善の努力の可能性を考慮することで、関連するあらゆる決断は恐ろしいほど真剣になり、また意志は緊張する。この緊張は、万一の事態に備えることでこそ生じてくる。まさしく、このようにして、諸々の国家は成立する。大多数の人間はそもそも親密な関係にあるのではなく、意図的な行動だけで統合されるのであるが、この人間の堅固な集団的組織化が成功するには、意志の緊張と堅固さが必要なのだ！かくて、あたかも国家集団が最初に、純粋に内に向けられた多様な努力を結集することで統一され、それからはじめて集合的な力を外部に向ける衝動と必要性を感じるような、そうした組織化の過程は想像できないのである。そうではなく、外的な状況から生じる諸力を結集する必要性が、統一を促進する諸々の欲求や要求においてはもっとも重要なのである。そうして、このような必要性が積極的にかつはっきりと肯定され、遵守されればされるほど、超個人的な生の全体がその形態を整え、かつ安定する歩みがますます迅速かつ効果的になる。このように、大きな超個人的実体は、空疎な空間のなかで形成されるようなものではない。そうなってはじめて、超個人的実体は、自分たちの諸力を互いに評価し合うことができる。超個人的実体は、衝突したり、圧力を受けたり、また反発したりして、明確な輪郭を得る。たとえ、事態の進展が形態の変化に何を引き起こそうとも、それは、危険な状態と大胆さとの緊張感に充ちた雰囲気のなかでこそ、起きるのである。

第2章　国家と文化

1. 作業能力としての秩序

「動物国家」の事例からわかるように、集団の使命は各個体の統括および秩序ある統一体としての生活だけではない。「動物国家」は、個体の整然とした共同作業においても一定の作業能力を発揮する。動物集団の特性は、その集団が熟慮もせず、計画も練らずに、種に固定された本能の自明な作用によって、あれこれの作業を行うだけではなく、ある作業を別の作業によって、つまり別の作業を介して実行することである。動物集団では秩序ある行動と整然とした作業はまさしく一体である。

人間集団において、事情は動物集団のように単純明快ではない。動物集団では、計画や意志の干渉もなく、自律的に起きることが、人間集団では自由によって、つまり意図と熟慮によって生じ、遂行される。このことは、何よりもまず、秩序立った統一体自体をつくり出すことが特別な課題となる作用であり、この課題の解決は集団成員の義務的な作業能力だけでは、決して得られないのである。人間集団の作業能力は、秩序の制定と維持のためになされる事柄の範囲をはるかに越えている。秩序そのものの生成・存続は、集団の構成員と秩序の主たる担い手に何らかの作業能力を――これがなければ集団全体が存在できないのだが――要求するが、たしかにこのことは否定できないことである。だが、人間集団の構成員が果たすべき種々の働きは、整然とした作業能力に尽きるものではない。人間集団の構成員が生活し、行動するための自由は一連の活動と創造のための可能性と要求を含んでいるが、この諸活動と創造の意義およびその内容を、集団の秩序に役立つだけのものと解釈してはならない。「文化」という呼び方で要約される人間的な自由のさまざまな産出物は、ミツバチの群れが蜂蜜を生産するような労働の成果と比較することなどできないのである。人間の自由な産出物は、比較可能な様態のあらゆる目的規定を越えている。

2. 権力の集中と規制

だが、秩序と作業能力が人間的な領域でかくも別々なものであるとしても、そのことは一方が他方なしで、つまり他方に依存せずに成り立つというわけでは、決してない。ここでも秩序と作業能力の関係は、作業能力が秩序なしでは発揮されず、秩序は作業能力なしでは内容をともなわないという点で、一対のものである。自由はこの秩序と作業能力が協力し合う場合にだけ、開花する。

このことは、ことの前半部であり、さしあたりわれわれの関心を引くにちがいない。秩序は自由が成熟してはじめて活動できるような、いわばそうした領域をつくり出し、その領域を開放している。われわれは、このことを意識しなければならない。この領域の最奥の本質からいえば、権力とは正反対のことが、権力の庇護下で育ってくる。こうした主張は、権力が秩序と結びつくことで自らの力の縮減、力の制御、力の停止をめざさざるをえないことを理解するならば、それほど矛盾していないように思われる。

ここで示唆されたことは、まずは次のことによって説明できる。すなわち、権力的な対決は、その対決に関わっている諸党派のひとつが確実な勝利を手にしたならば、ただちに権力行使の先鋭的な集中化を招くということである。相対立する諸勢力の抗争で、あるひとつの意思が支配権を得ようとすれば、先に述べたような、必要な権力行使と禁じられた権力行使の区別が有効になる。この区別が効果を発揮する状況は、その区別が当然、理論的意義に限定されていないことである。権力行使の二つ種別のうちの一方は、理論的に排除されるだけではなく、しかも実践的にも徹底的な成果を上げるために抑圧される。このときから、権力を意のままにするひとつの立場だけが残る。それが何を意味するかは、権力に先立つ状態を振り返って見るだけで、十分に見きわめることができる。権力がある人びとや組織に集中していなかった間は、権力はまさしく人間の集団生活の全域に、いわば降りかかっていた。権力はときにあちらこちらで不穏な状態を生み出して、支離滅裂な突如とした無数の暴発を引き起こす。どこにおいても安心して、妨害のない活動ができるという確信がもてないならば、争いと破壊は自衛の任務を果たすために、あらゆることを考え、すべての力を投入する。それに対して、権力が一カ所に集中する事態になれば、権力はその他のいろいろな場所で必要のない状態になる。その結果、個々人があらゆる方面からの侵略を覚悟し、あらゆる方面に対する安全対策を講じざるをえない状況が取り除かれる。ある特権的立場による権力が思いのままに、冷酷かつ残酷に振る舞うかもしれないとすれば、その権力行使はいままで耐え忍ばねばならなかった数々の暴力行為よりもさらに抑圧の度を強めるかもしれない。すなわち、権力行使がひとつの起点しかないという事実だけからすれば、それは無秩序な騒動の勃発に対して、生活を落ちつかせ、かつ広い範囲で生活の重荷を軽減する簡便化を意味するのである。はっきりしていることは、いつどこで、誰を警戒しなければならないのか、ということである。

しかし、権力行使は、それが特定の執政たちに独占され、そうして非特権者には閉ざされている点で、自らの権域を縮小するだけではない。特権者自身もまた、その特権化が問題になったよりもさらに、権力行使を放棄する気になるのは間違いないことである。このことは、事実、確実なことである。特権的な権力者たちがいったん権力を掌握したならば、もはや権力を実際に使用する必要はまったくないからであり、被支配者の側もあらゆる抵抗の企てを弾圧する権力行使の可能性について、すでに十分な知識をもっているからである。かくて、権力行使による露骨な脅迫が、実際の権力行使にとって代わり、それと同じような決定的効果を発揮する。権力はいわば潜在的になり、そうして権力は脅迫しても効果のない例外的な事態にしか適用されなくなる。ある一定の対策がとりわけ、その効果をこれまでほとんど失わずにすんでいるのは、このような目に見えない権力によるのである。権力の所有者は、多種多様な非物理的な強制手段をほしいままにできるし、この非物理的な強制手段によって物的資財のあらゆる侵害は甚大な規模になる。この非物理的な強制手段による物的資財のあらゆる侵害は、誰にとっても確実だとはいえないにせよ、必要であれば物理的な権力が強行されるケースと実際に比べて見て、それほど効果を上げないのかもしれない。まさしく、良心を見かけ上は圧迫しない強制力でさえも、漠然とした暴力的不安を予感させることで、その本来の力を得ることができる。したがって、被支配者たちは、物理的な権力の最終的な裏付けとなる多様な強制手段の階層的システムによって、服従を強いられるのである。近代諸国家の組織自体が途方もない規模に成長し、そうしてきわめて複雑高度につくり上げられたにもかかわらず、組織化する精神が指令する過程が緻密に維持されるのは、この階層的システム機能の信頼性があるからに他ならない。衝動を調整する無数の要請と禁止のそれぞれの背後には、まさしく厳密な服従を要求する権力の脅迫状態がある。世間一般の意識にこの脅迫の記憶を埋め込むには、少数派をたまに迫害するだけで、十分なのである。ここで少数派とは支配的な諸権力との衝突を覚悟して、無謀で大胆な、あるいは犯罪も辞さない人びとのことである。

われわれはこれまで、権力行使の単に量的な制約を論じてきたので、ここからは権力行使の構造的形態の変化に目を向けて見よう。権力の集中は、一方で可能性を開くが、他方で、自らを規制せざるをえない。権力と秩序との連携は、権力自体に形式を与える反作用を及ぼす。もちろん秩序の意志は、権力に服する被支配者たちに直接に向けられるが、権力自体に向けられることはない。被支配者には当然、現状の維持に役立つ態度が強要され、それがたたき込まれることになる。だが、権力は被支配者を一定の行動に束縛することで、ある程度自己規制するしかない状況に置かれる。権力が告知する諾否は、権力自体の行動規範となる。権力が状況に対処するにあたり、自らの行動規範を無視しようとすれば、権力は自らの秩序自体を破壊することになるだろう。きわめて専制的で自制心のかけらもない独裁者でさえ、気分次第で権力を運用することはできない。苛烈な抑圧もまた、自らの命脈を保つためには、自らの確固とした首尾一貫性に気づくはずである。権力の規制は、被抑圧者の運命の重荷をいちじるしく軽減するわけではない。しかし権力の規制によって、被抑圧者は耐えざるをえない事態に対し、外面的にも内面的にも対応できる展望を得る。それによって、予測できない突発的な事態がますます取り除かれることになる。

われわれが権力の「集中」と「規制」として知った諸々の変転は、「外部に」向けられた権力行使においても――やはり、このような局面では、事態の秩序に対する諸条件は相当に不利であるとはいえ――受け入れられるのか。この点の考察は有益なことである。諸集団が衝突して互にいちじるしく頭角を現し、そうして明らかに敵対すればするほど、ますます強く現れる傾向は、力による対決を相互関係全体に予測できないほど拡大させるのではなく、時限的かつ客観的に制約された諸行動で——これは相当に大きな規模と根本的な特徴をもつが——その対決に決着をつけることである。つまり、紆余曲折する厄介な交渉から、あらゆる紛糾に一気に決着をつける手段として、戦争が勃発する。そうして、暴力がその展開の一定の時点で蓄積され、爆発するのであれば、平和の状態と同じような非暴力的な展開の局面もまた、戦争と相容れない明確な特徴をもつことになる。最初から与えられていたわけではない、むしろ「戦争でも平和でもない」曖昧な状態からようやく勝ち取られたにちがいない区別がまたしても明らかになってくる。しかし、暴力と非暴力の展開はこうした最初のかつ大雑把な区別にとどまってはいない。この区別がまず第一に承認されたならば、あれこれの状態およびある状態から他の状態への移行を確実な規則に結びつけ、かくて無秩序な交渉の混乱状態にまずは決着をつけようとする欲求が必ず生じるのである。諸集団が互いに敵対していようが、正常な関係あるいは友好的な関係であろうが、また諸集団が協調関係から闘争へ突き進もうが、あるいは闘争から協調関係へ戻ろうが、いずれにしても、その諸行動にはそのつどの関係が十分具体的に織り込まれている。その行動は一時的な好みやそのつどの利害関係者にゆだねられるべきではなく、永続的な友好の確実な形式を何度でも守るべきなのである。妥当と認められる規則が無視される事態が、紛争発生の緊張状態で、また戦闘の勃発に興奮して、いやというほど起きようが、規則による規範化をめざす傾向は、やはりくり返し現れてくる。それというのも、この傾向には行為者の多大な関心が寄せられるからである。権力の集中と規制に由来する善意の影響力がいまいちど確認されるからである。つまり、ある種の社会生活がもたらされる。たしかにこの社会生活は耐えざるをえない数々の苦労を必ずしも軽減するわけではないが、しかしその形態によって可能性を開く。その可能性は、考慮すべき事態を適時に予見し、そのつど要請された方向で意志を調整し、そうして利用できる諸力を平穏な時勢と過激な時勢に慎重に分配できるかもしれない。生存の経済性は、権力が請け負い、権力による選別と統制を土台としてこそ可能であることが、くり返し明らかとなる。それは、純粋な暴力の無条件の王位就任のような戦争でさえも、生存の経済化から完全には逃れられないというのと、ほとんど同じことである。

3. 秩序と作業能力

さまざまな決定・選別・規則は他ならぬ権力行使によって人間の生活のなかにもち込まれるが、それらのすべてを振り返って見れば、次のことがますますはっきりとする。すなわち、ただ権力のおかげによって、人間は自分の自由に含まれる多様な可能性と諸々の要求を真に達成できるなどとは、いかなる権利で主張されたのか、ということである。事実、権力的裏付けのある生存の経済化によってつくり出され、維持される自由な領域でだけ、また少なくとも暫定的な平穏と安全の状態においてだけ、発展のための全能力が現れ、そうしてこの発展の共同作業から精神の世界は、[原注1]その内容を手に入れるのである。権力の計画的な運用がそうした状態の保証を引き受けるのではあるが。内的な状況および外的な状況の信頼に足る秩序が欠けている限り、また個人が自己保存の課題のために自分の力のすべてを投入する覚悟をつねにせざるをえないと思っている限り、さらに支配的で守護的な権力が次のことをまったく配慮しない限り、すなわち内的な混乱も外的な侵入も、ようやく着手された活動をさしあたり決して中断せずに、またやっと達成された成果を打ち壊すことのないように配慮しない限り、人間的な創造は、そのおずおずとした萌芽を育てたり、危なっかしい試みを踏み越えたりはできないのである。こうして、作業能力は進展のないままになってしまう。人間はかなり長い道のりを歩み、創造活動に相当な貢献をしてようやく、高度な要求や最高の要求をかなえる自分の力を規律化することができる。そうやってはじめて、人間は仕事に着手して、その仕事にひたすら没頭することで、その仕事をやり遂げることができる。いわんや、創造的精神がまずは自由に呼吸できたならば、戦闘を要求する時代でさえも、平和活動をただ不快に妨害することをやめるのである。それというのも、目標達成のための積極的な努力は、創造的な印象で心を豊かにし、創造力を最高に躍進させる、そのような生活諸経験だからである。

したがって、秩序ある権力行使が作業能力を成長させる外的諸条件をつくり出すならば、秩序ある権力行使は明確な指示と強制によって、作業能力への意志を直接に刺激し、その意志を支援して、促進させることになる。すでに述べたように、たしかに秩序の制定と維持は、権力がこの秩序の守護者として要求するにちがいない確実な作業能力をあらゆる当事者に求める。ところで、このような作業能力のなかには、訓練の実施が特定のかつ重要な文化機能の訓練に本質的に匹敵するような、少なからぬ作業能力がある。全体の存続がかかっている経済活動の全領域をほんの少しでも考えて見ればよい。もちろん、経済活動の強制的な実施は、権力にとっては当然のことである。持続的な努力についてはいうまでもないが、この努力の成果は感覚的な喜び、生活の彩り、祝祭の高揚した瞬間の荘厳さ、とりわけ神々の崇拝に役立つことになる。この努力にともなう諸力が活性化されることもなく、効果的に強化されることもないとすれば、何も生み出されはしない。努力の成果が現れるためには、次のことは決して必要ではない。すなわち、そうしたあらゆる努力を引き出し、そうして監視をつづける権力が、そうした諸力の形成と何らかの関わりがあるのかもしれないような、そのような意図によって指揮される事態は、決して必要がない。あらゆる事柄の後ろ盾になって煽り立てる意志は、自らの欲求に溺れたり、自らの繁栄のために力を尽くしたり、自らの企てのために、あらゆる世俗的支援と神々のすべての恩恵を手中にすることしか考えていない。この利己的な意図は、継続的な努力を強いることから始まる教育的作用から、何も取り除くことはできない。支配者の命じる仕事によって働き疲れた使用人は、ヘーゲルのしばしば称賛された「主人と奴隷」論[訳注4]で展開され、褒め称えられた有益な紀律を身をもって経験する。使用人においては、「服従はあらゆる知恵の始まりである」という真理が証明される。使用人は奴隷として仕込まれることで、決して自ら決めたわけではない作業に熟達する。使用人が主人の意志に即して行動することで、使用人は同時に、主人の意志がやり遂げることを命じた仕事の要求に応じて行動し、そうして辛抱強く努力することで、その仕事の熟練者になる。しかも、この脈絡でいえば、権力の所有者も自分の指示が自分に跳ね返ってくることで、自分がまったく意図していなかったにせよ、やはり自分自身の利益になるような変化をこうむる事態が、くり返し現れるのである。作業が成果を上げるには、指示した仕事を奴隷まかせにして、命令するだけでは足りないのである。秩序を堅持して、奴隷の仕事に差し障りのある事情を取り除くだけでも十分ではない。奴隷が命じられた作業を遂行できるような身体的かつ心的な状態にあることもまた、配慮されなければならない。かくて、主人は仕事そのものによって、奴隷に対して節度ある配慮をすることになる。主人が奴隷にそうした配慮をしないとすれば、望んだ作業は達成されない。奴隷の所有者でさえも、奴隷が作業の力を失うならば、結局は裏切られた者となる。それゆえに、奴隷が（権力を振るう）人間に気配りして、作業の要求に配慮せざるをえないならば、主人は作業に気配りをして、奴隷の要求に配慮せざるをえないのである。しかし、この主人による気配りは、奴隷による気配りに劣らず、人間が純粋に利己的意図の偏りを乗り越える態度の最初の手がかりである。自由は――これによって権力が行使されるが――自己抑制するように仕向けられる思いがけない反作用を、再び経験することになる。

秩序が作業力に活動の余地を残して置くことで満足するのではなく、さらに作業力の発達を支援し、その福祉的育成を引き受けることで、われわれが先に自由と秩序の関係を規定した命題の第二の部分が証明される。秩序はその初期段階ではある種の形式的な体裁を取るが、その内容は乏しい。とくに、秩序による「要請的」な権力行使と「禁止的」な権力行使の区別は、もはや秩序によって制御される諸力の最初の、粗雑で表面的な区別でしかない。秩序はこの内容の貧弱さを自ら乗り越えることができない。秩序は、その保護下で成熟する生の内容に取り組み、かつ生の生産的エネルギーの維持と促進に努めるにつれて、内容的に充実するのである。それというのも、内容的充実をめざす対策は、秩序が新たな諸制度によってさらに発展することなくしては、何ひとつとして始まらないからである。一方で、秩序はこの内容的なさまざまな個別化によって、豊かに構成された全体へとますます成長することができる。この全体は、その各部分が力強く発展し、かつ首尾よく調和するならば、集団において躍動する生の豊潤な内容を、秩序規程の構成要素として反映する。こうして、次に、系統化された権力によって組織化された人間の側から、この権力に対して反作用が起きるのである。

第3章　国家と倫理

1. 国家における倫理的意識

勝手気ままで、横暴な独裁者でさえ、自由の発展を支援する秩序の制定者になれる。こんなことを耳にすれば、それはほとんど、秩序を制定する人間の質とその人間によって制定された秩序の性質が、まったく重要でないかのように聞こえる。ある程度の望ましい発展を遂げるためには、要するに何らかの秩序が制定されれば十分だ、ということなのだろう。そうして、秩序の妥当性の根拠は、秩序の制定者が何が何でも秩序を制定したかったという事情に依るだけである、と思われる。秩序の制定者が秩序に別の形態を与えようとすれば、この別の秩序は同じように敬意を要求できるといえば、できるのかもしれない。それというのも、秩序の妥当性の源泉は、権力を所有して秩序制定の全権を掌握した者の、「わたしはかく欲す、わたしはこう命じる」[訳注5]という言葉とまったく同じようなことだからである。われわれが、このような秩序の正当化に満足せざるをえないとすれば、ドゥンス・スコトゥス[訳注6]の学説に従っていえば、神と神の啓示による道徳律との関係と同じく、秩序の制定者とその者が制定した秩序とが結びつけられている、と考えねばならないであろう。「善なる」行為を要求し、「悪しき」行為を禁じることは、神の意志から下されたことゆえ、「善なる」行為は善であり、「悪しき」行為は悪である。だが、神の意志がもし正反対の決定を下したとすれば、神の意志を妨害するものは何もないといえば、そのようにいえるかもしれない。神の意志が正反対の決定を下したとすれば、われわれが実際に善と見なす行為は「悪」といえば、悪であろうし、実際に悪と見なす行為は「善」といえば、善であろう。

秩序の妥当性の根拠が秩序制定者の意志にあるとする見解に人びとは納得しなかったというのが、まさしく真実なのである。そうして、さらなる指導的な考え方となった立場を挙げるのは、難しいことではない。

その時々に通用する秩序では、いろいろなことが秩序制定者の思惑のせいにされるとしても、その秩序はある特徴をもっている。その特徴は、一切の思惑を越え出て、それゆえに、その時々の秩序――この秩序がどうであれ、それはそうとして――においてはっきりと示される。それは肯定と否定、要請と禁止の対立である。この対立は一般に周知のことであるので、この対立をやはり「当然」と見なしたり、吟味もせずに受け入れたりしてはならない。この対立からこそ、燦然と輝く光が秩序の対象である人間の特性に降り注ぐ。秩序の内容が肯定と否定、要請と禁止の相克として展開されるならば、その相克は秩序によって規定される意志の本性に関係している。意志は絶えず選択の自由にさらされており、そうして、この選択は決定的な状況においては、対立し合う諸可能性のなかのひとつの可能性である。それゆえに、生活のきわめて本質的な営みをはっきりと規制する秩序は、要請と禁止の二重の形態をもつことになる。人間がやめることができるだけでなく、やめたいと思う事柄は要請される。人間が行うことができるだけでなく、行いたいと思う事柄は禁止される。これは自由の二面性であり、秩序の基本構造はこの二面性に帰せられる。

われわれがこの二面性を意識したとき、それは倫理的な問題を考えていたのである。人間は自由の担い手として、倫理的な問題のなかに投げ入れられている。われわれをこの倫理的な問題へ引き込んだものは生の状況であるが、この生の状況は倫理的に評価されるべき事象に入るのか否か、この点はさしあたりまだ疑わしいのである。秩序については、その制定者の意志以外の正当性を挙げる他はないという見方が、かりに正しいとするならば、この秩序の内容は倫理的判断から抜け落ちてしまうであろう。もし秩序の内容がその唯一の基礎づけを、とにかくそのような結果になった事実に、しかしまた、まったく異なった結果になったかもしれない事実にもつとしたら、秩序の内なる正しさへのいかなる問いも、したがって倫理的価値あるいは倫理的無価値への問いも無意味となるだろう。

ところで、たとえ倫理的判断による肯定と否定および国家的秩序による肯定と否定がまったく異なる領域に属しているとしても、それらが構造的に一致することは何ら偶然ではないであろう。それはやはり、この肯定と否定が一対になって関わっている、意志のいわゆる二面性なのである。そうして、この二面性の内的なつながりはまた、さまざまな展開が二つの領域で結びついている関係にも現れてくる。

倫理的判断力は、天賦の才として人間に備わっているわけではない。倫理的判断力は、人間存在の多様な形象のひとつである。この諸形象が出現して成熟できるためには、国家権力だけがつくり出し、維持することができる、整然とした生存状態を必要とする。しかも倫理は、通常の精神活動よりもいっそう優れた意味での精神活動を必要とする。まず、倫理は通常の精神活動のように、妨害のない状態を頼りにする。そうでなければ、正しい発展をめざす、より真剣な努力は決して生まれてこない。それというのも、倫理は人間の自己反省から生まれるからであり、また分別の成果だからである。倫理は、荒れ狂う騒乱状態においてあらゆる思慮深さを排除するような、そうした生存状態では育たないであろう。一方で、倫理には、権力の条件付の休止が必要であるが、その理由はこうである。倫理が自らに課す実践的課題も、すなわち権力に頼るだけではない、人間的な配慮で決定される生存状態を生み出すことも、平和の空間でだけ着手されるからである。われわれが、すべての人間同胞のなかで、敵対者となりうる者を恐れなければならない限り、人間関係の倫理的規制をいつも気にかけてはいられない。かくて、倫理が活動できるためには、非暴力の圏域が開かれ、国家は権力行使をまさしく独占して、それを引き受けなければならないのである。

だが、よく考えて見れば、倫理はその負担軽減と庇護――これによって国家は倫理の存立を支援するが――のためにだけ、国家の恩恵に浴しているのではない。倫理は国家の存在形態と活動形態による持続的な刺激についても、国家の恩恵を受けている。もし、倫理的意識が自由の二面性のなかに自らの本来的な問題の根源を見ることができるならば、倫理が秩序のなかで成長すること自体は、たしかに倫理的意識にとって重要なことである。この秩序の構造によって、倫理は自由の二面性を強く指摘される、いや、この二面性を突きつけられる。国家的秩序による肯定と否定は、容赦ない強制力のある、かつ制裁力のある権力に守られ、教化され、そうして執行されるのだが、この肯定と否定は意志が最大限に対立しているあらゆる肯定と否定のきわめて理解しやすい典型である。国家の強制力によって、人間にきわめてわかりやすく、肌で感じるようにはっきりと示されることは、人間が肯定と否定の徴表のなかで生きるしかないという事実である。この二面性の原体験の背後には、この二面性に精通すること、つまり、この二面性についての深い省察が潜んでいる。国家の使命が、未決でほとんど未整理の前段階から人間の共同生活のために取り決める諸々の区別を取り出して、それを露わにすることであるならば、国家は自らの領域を越える区別の創出、つまり善と悪の区別にも関わっているのである[原注1]。

ここで述べておかねばならないが、国家的秩序は、このはっきりとした、かつ区別的な働きをするだけではなく、他の生の諸力ときわめて密接に結びついて作用するのである。一方で、風俗習慣は、統制されることなく、やはり自然に増大して、抗いがたい慣習の影響力によって、肯定的な価値行動と否定的な価値行動の対立を共同体の意識につねに刻み込むことができる。他方で、とくに宗教は称賛に値する行動や態度の多様な形象が自ずと結びつくような想念を生み出すための、実り豊かな大地を形成する。まさしく、国家、風習および宗教に由来する規範付与の類別は、ここで考慮される初期の時代には規制によってこそ、合法と認められるのである。これらのことから明瞭になるのは、種々の立法がもともとは未分化な、一切を包括する統合的原理のようなものから、長きにわたる発展過程を経てはじめて枝分かれしてきた、ということである。われわれが国家的な規範付与を、かくもはっきりと前面に出したのは正しかった。それは国家が物理的権力の特権的な管理者として、現状の肯定と否定を通常ではありえないほど強調できるし、その点で、きわめて反抗な者にも生活の規範化の原理を否応なく経験させるからである。

2. 秩序の固有な価値

倫理的意識がいったん成熟したならば、その意識自体は当然、人間生活のあらゆる基本的関係を問うのである。人間の生活は個別的な活動の単なる寄せ集めではなく、整然と組織された全体であるが、倫理的意識はなぜ人間生活において、自らの守備範囲が尽きてしまうような制約にぶつかるのだろうか。まずは、このことが理解されていないのである。だがやはり、倫理的意識が人間的なるものの何らかの部分的領域に近づくべきでないならば、倫理的意識のそのような禁欲のためには、有効な対策が何としても必要となる。人間の行為と創造の部分的な領域は、その固有性によって倫理的基準を拒否するように見えるし、それゆえに、この領域を倫理学の管轄領域から何度も取り除こうとしてきたのだが、こうした部分的領域が事実、存在しないわけではない。国家がそのような領域に属することは、すでに明らかになったことである。一面で、国家に特有な活動の諸形態は、国家のなかで働く諸力を「自然」の領域に当てがって、その諸力を倫理的に判断されるべき事柄の領域から完全に締め出そうとする。他面で、周知のように、国家的秩序が秩序制定の意志の事実だけを依りどころとする場合にも、倫理的判断は発言を封じられる。いろいろな事例では、国家的行為の領域は倫理的判断とは比較できない領域として、人間生活の全体から取り除かれる。このことの思想的な解釈は「非道徳的」なさまざまな国家論に現れていた。

人間生活の構造は倫理学的評価に値する領域と倫理学的に無関心な領域にかくも分割されることに、いったい耐えられるのか否か。われわれはこの根本的な問いの検討を控えておきたい。われわれが棚上げにする問いは、人間生活の領域のひとつの領域だけを倫理的良心に対して閉ざす者は誰であれ、人間生活の全体をその源から生じてくる崩壊の過程に引き渡すことにならないのか、ということなのである。むしろ、われわれは、このように倫理的判断の回避が他のあらゆる関連的な事象に比べて、さらに誤った結果になるかもしれない事情にも目配りをしよう。もし、倫理的判断が国家的生活の領域から遠ざけられるとすれば、そのことにまっさきに賛意を表す者は、誰であろうか？ それはまぎれもなく、国家権力を掌握している人びとである。なぜなら、かれらは、もちろん数多くの制約的で窮屈な配慮から解放され、そうしてどのような形であれ、自分たちの意志、とくに自分たちの意志のなかに現れる、いわゆる「自然本性」のままに振る舞うことができるかもしれないからである。つまり、もしも国家的領域の倫理的判断が認められるような、ましてやそうした判断が要求されるような考え方や主張が、権力を手中にして特権者となった者自身の側から提示されるとすれば、それは問題のある非倫理的な命題にとって、きわめて不利になるはずだからである。事実、それはそのとおりなのである。多くの事例からわかるように、権力の所有者たちが決して納得していないのは、権力の所有と行使が単なる「自然」の力の表現として受けとめられている、あるいは出来事の事実性のためだけに、従わねばならない事実として我慢されているように見えることであろう。むしろ、権力の所有者たちは、例外なく自分たちの権力的地位が異質で、本質的な説得力のある根拠を踏まえているという観念に取り憑かれているか、あるいは少なくとも、そうした観念をつくり出そうと腐心している。権力が維持せんとする秩序は、任意の意志決断の単なる産物とはまったく別物であり、そうしてその秩序は、偶然に由来する単なる事実に帰すべきものとはまったく異なる権威を要求することになる。

多数のことに対する要求がはっきりと現れる、そのような諸観念はきわめて多様な形態を受け入れることができる。その観念は宗教的な信仰の領域から自立的な思考圏にまで広がるすべての階梯を経ることができる。この観念は、世俗的な分別と合意することで、また現世を越えた由来のなかに、現行秩序の高度な正当性を求めるのかもしれない。われわれはこの観念のあらゆる変容を追求する必要はない。なぜなら、さまざまな表現の変化から、秩序がその崇高な厳粛さを維持する根本思想を取り出すことは、難しいことではないからである。この根本思想は、古代ソフィスト派[訳注7]が人間的事象の秩序は意図的な設定なのか、あるいは「自然」を拠りどころとするのかという問いを論究したときに、はじめて原理的に明確になった。それというのも、ソフィスト派では、秩序によって決められた事柄は人間のあらゆる恣意に優る自己内在的な事象に他ならないことが、「自然」という多義的表現で説明されているのである。秩序は「自然」に根拠をもつと考えた者が主張せんとしたのは、次のようなことである。つまり、秩序に尊敬の権利を与えるのは、権力が秩序を制定したという、かつその秩序の維持を監視するという事実ではない。すなわち、秩序に現れた諾否の事実が、秩序にとっての「内容」そのものなのである。秩序の内容はそれ自体で妥当性をもっており、その内容を受け入れ、その実現に与する支配権力の恵みによるのではない。その内容の妥当性は、権力の仲介がなくても、その内容自体に認められるものであろう。秩序を実際に厳守することは、秩序を実際に無視しても、秩序から何も奪うことができないのと同じく、秩序の妥当性にほとんど何も付け加えはしない。したがって、秩序と権力を基礎づける関係は、まったく逆なのである。秩序は、権力によって擁護されるから価値があるのではなく、秩序に価値があるからこそ、権力は秩序を擁護するのである。このような理由で、秩序の布告者とこの者によって布告された秩序は、トマス・アクィナス[訳注8]の学説にならっていえば、神と神の発する倫理法則との間にあるのと同じ関係で結ばれていると考えられる。「善なる」行為は「それ自体で」善であり、したがって悪しき「行為」はそれ自体で悪であり、そうして神は善なる行為を要請し、悪なる行為を禁止したのである。それというのも、神の計り知れない知恵は、「善」と認められた事柄だけを命じ、「悪」と認められた事柄だけを禁じることができたからである。

このような観念的構図が現行の秩序の評価に受け入れられるならば、秩序の監視者の立場はいちじるしく強化される。この監視者は自らの評価を上げ、かつまた被支配者にも重んじられる。

それというのも、権力の実際の所有が監視者に与える重みには、その秩序の固有の価値のために、この監視者によって守られる秩序の重みが付け加わるからである。監視者の支配の物質的な支えと理念的な支えはしっかりと結びついている。この監視者によって支持される秩序は、あるがままの「秩序」そのものである。その秩序が諾否を宣告する事柄とその秩序が権力を要求する目的は、正当なものである。現行の秩序による指示が、「正当」という肩書きをどこで与えられようとも、そこには固有な価値を承認する要求が多かれ少なかれはっきりと感じられる。この「正当な秩序」の貫徹を気にかける者は、妥当すべき事柄を自分が勝手気ままに布告するのではなく、妥当な事柄自体を義務に即して守ることを認めてほしいのだ。あえていえば、善なる良心は心の内にあり、高められかつ内面化された権威は外へ向かうのである。

3. 秩序に対する倫理的批判

権力者は、その実情に照らして見れば、権力の座の強化で生まれる権益だけに、ほとんどそれだけに目を向けているものだ。権力者にとって歓迎すべきことは、侵しがたい合法的な事柄の守護者として、自分自身に対しても、世間に対しても認められることである。注意深く吟味して見れば、権力の座の強化形態には、権力者があまり釈明したがらない裏面が見えてくる。秩序の妥当性がまるっきり秩序の理念的事象に移し替えられるならば、現実の権力は秩序の妥当性の源であることをやめてしまう。現実の権力が秩序の内容に影響を及ぼすいかなる権利も否認されてしまうのである。たしかに、現実の権力が秩序の内容の「それ自体による」妥当的なるものを本気で認めるならば、現実の権力は、支配者がすべての被支配者と同じように、秩序に根本的に向き合うこと、すなわち秩序の内容を無条件に尊重する義務を負うことを認めざるをえない。たとえ、現実の権力がこの秩序に加担して功績を上げ、この功績を盾にして自らの立場を確固たるものにしようとしても、やはりこの権力は自分で光り輝くのではなく、別条の光で輝くことをある程度受け入れることになる。現実の権力は、自分の思いどおりにならない何ものかが自分の頭上にあることを認めることになる。それこそまさに、権力のなかに潜む減衰作用であり、ドゥンス・スコトゥスはこの減衰作用を守ろうとして、倫理的立法の起源を、決して制約されることのない神の意志にあるとしたのである。

ただ、状況の変化は、権力者の気に入らない、あれこれの結果をもたらす。この結果を招くことは、たいていは被支配者にゆだねられている。秩序が支配的な意志の命令に起因する限りで、秩序は純粋な事実自体の承認だけを、自らのために要求する。だが、事実は事実として評価されるのであるから、事実は是認されたり、同意されたり、肯定されたりする必要はない。こうした判断行為は、秩序の評価には含まれていない。秩序が自らのために要求する承認が、秩序制定の事実を拠りどころとせず、秩序内容の妥当性に基づくならば、事情はまったく異なってくる。秩序の妥当的内容は、何らかの事実ではなく、あらゆる事実の根拠とは無関係に秩序の内容自体に内在する理念的事象である。だが、秩序の妥当的内容はそれ自体として、事実そのものが主観に免除する事柄を、つまり肯定をまさしく主観に要求する。秩序内容の肯定的価値こそ、それを手段にして、秩序が権力の支えとなるものである。しかし、秩序はこの肯定を自からのために要求するが、秩序は人間の根本的関係の秩序であるがゆえに、要求される肯定がいかなる性質のものであるのかは、明白である。それは倫理的判断による肯定である。それゆえ、「それ自身による」妥当性が秩序に認められたならば、単なる事実の根拠へ立ち返ることで避けられた事態が、やはりまた生じたのである。すなわち、秩序の妥当性は、倫理的判断にさらされる領域に入ったのである。このことで、奇妙な循環は完結した。まずは倫理的意識が権力によって守られた秩序の内側で、かつ秩序による諾否の強い印象をともなって生じたならば、次に、この秩序自体はいまや、成熟した判断の吟味にもち込まれる。この成熟した判断による諾否は批判的な審判となり、現行の秩序によって布告される諾否はこの審判の監視下に入る。

だがまさしく、こうした審判を認めることこそが、いまや権力者にとってきわめて不快な、いや実のところ脅迫的な状況となる。その審判の承認は、以下のように絡み合っている。肯定的同調を要求することは、肯定を要求する状況を認識できる者に要求がなされる場合にだけ、意味がある。その者に期待されることは、たしかに何らかの判断であり、分別を欠いた追従ではない。だが、この認識的な判断力は主観にだけ与えられているが、主観の領域には、肯定を要求する状況を否定する可能性も根本的に存在する。この否定的立場が排除されるとすれば、肯定的立場もまたいかなる判断的行為でもなくなり、むしろ思慮を欠いた同調になるかもしれない。肯定を要求することは、結局は否定の可能性も覚悟するということである。したがって、「それ自体によって」妥当であるという承認を要求するものは何か。この問いは、この要求の主張について、その要求が正当であるか否かという問いを、やはりまた検討の対象にすることになる。

秩序の内容が、次々と浮かぶ疑問を解消するにちがいない、そのような説得力のある形で自らの妥当性について証明できるとすれば、われわれの特別な課題にとって、問題提起の可能性は特別な意味など何もないであろう。判断的な認識が深まれば深まるほど、判断がますます拒否できなくなるような確実な精神的内容は、もちろん存在する。いかなる人間的事象の秩序も、反論の余地のない形で保証されることなど、考えられないのである。どのような秩序も特定の人間によって、特定の状況で、何らかの切迫した必然性で、かつまた特定の意図を追求することで制定される。秩序は人間によって制定されるが、その人間の気まぐれな個性がその手から生まれるあらゆる事象に、消しがたい烙印を押す。たとえ、秩序の生成にさいして、正義と善への純粋な意志だけが発言力をもっていたとしても、制定された秩序は完全性と最終性などもち合わせてはいないし、そのことはさまざまな異なる秩序の思想にとっても、論じるに値しなかった。しかも実際には、純粋な意志だけが、秩序の制定者の活動に必要な権力を手中にしたわけではない。質的に実に多様な個々人も、この秩序の制定作業に参加できるのである。この個人の多様性とともに、いずれにしても人間の世界は価値と無価値のさまざまなニュアンスを併せもっている。自由の二面性は、どこででも強力に真価を発揮する。加えて、秩序は、たとえその制定の時点の状況に何ら手抜かりなく対応していたとしても、生活のとめどない変化によって遅かれ早かれ、否応なく悪者に仕立て上げられる。秩序が見かけ上はまだ指導力があっても、その背後では状況の変化に応じて新たな秩序の理念が要求され、立ち上がってくる。ここまで述べてきたことはすべて、考えうる限りのいかなる秩序からも、かりにその秩序がいかに思慮深く考えられていようが、望みどおりに賢く決定されていようが、無謬性を取り除くために協力し合っている。この無謬性は、ある種の精神的内容に、分別のある人たちの同意を保証するのであるが。この秩序の無謬性の領域に、それ「自体によって」妥当する事象が存在するならば、それが純粋な知識の啓示に特有であろうとも、それは理念的に確実かつ明瞭には現れない。「それ自体によって」妥当する事象は肯定の価値と否定の価値を併せもつ生き生きとした過程の見渡しがたい潮流のなかに投げ込まれて、もつれ合っているだけなのがわかる。それゆえに、どこかで、何らかの状態で、いかなる現行の秩序も疑念と反論に対して隙を見せるにちがいない。そうして、この隙を見せる可能性が見過ごされ、取り逃がされないように、人間の多様で、機敏なあらゆる努力による配慮が十分になされているのである。

ここから、ようやく評価できるのだが、現行の秩序が「それ自体によって」妥当と認められるとすれば、現行の秩序自体が支援する発展はきわめていかがわしいものである。現行の秩序がその妥当性を権力の座を獲得した者の絶対的な命令そのものから導き出す限り、現行の秩序は批判的意識に一歩たりとも譲歩しない。だが、現行の秩序が「それ自体によって」自らに妥当性を与えたとたんに、現行の秩序は分別ある判断に訴えかけ、そうして秩序は自らの内容がいったい本当に、分別ある者の同意を要求してもよい性質なのか否か、という問いについての議論そのものをただちに始める。もちろん、自らがそれほど疑わしくなるのは、秩序の意図ではなかったのであるが。現行の秩序は、自らが指示した事柄の合法性を盾にして、ただ権威の増大だけを期待していた。だが実は、この権威の増大は、それに匹敵する権威の減少の可能性と必然的に相関している。そうして、この相関関係ではじめて明らかとなるのは、権力が秩序の妥当性の唯一の源泉であろうとする要求を放棄するならば、権力はどれほど衰退するか、ということなのだ。

4. 対外的行動への倫理的批判

集団「内」の生活を統制している秩序と規則は、集団の「対外的」な諸関係にまで拡大する傾向のあることを、われわれは考察した。もっとも、この諸関係はその性質上、相当に扱いにくいものである。それにもかかわらず、集団内の努力が対外関係の領域でも何らかの結果を及ぼすならば、「それ自体によって」妥当する事象のなかに含まれている高度な合法性を自らの行為のために獲得せんとする、さらなる欲求もまた、かくのごとく生じた規則性を土台にして足場を固める。このことは、何の不思議もない。国家集団の対外的行動も、ありのままの事実として受け入れられねばならないだけではなく、倫理的に承認される行動として認められる必要がある。これは、国家間の苛酷な現実的関係の調和をかろうじて図ろうとする要求である。国家間の相互関係では、倫理的尺度で測られる措置のいかなる可能性も閉ざされ、そうして剥き出しの暴力に訴えるしかない状況が頻繁に現れる。だがやはり、当事者の誰一人として、「正しく」ありたいという意識を自分自身に与えてくれる強さを放棄したいとは思わないであろう。いうまでもないが、「正しくありたい」という意識が信じるに足るものであるならば、世界の印象もいっそう好ましいものとなる。したがって、巨大な超個人的実体の周知の努力は、それが他の諸集団に対する敵対的態度であれ、友好的態度であれ、いずれにしても、それは友好的態度に賛同し、敵対的態度に反対した意志に立ち帰るだけではなく、むしろ倫理的良心の審判にゆだねられるに値するような、そのような根拠によって支援されなければならない、ということである。ただし、この倫理的判断の同意を得る努力が国内政治的な集団生活において失敗を重ねるならば、その努力が国家間の基盤となる関係において成果を上げる見込みは、いっそう少なくなる。それというのも、上位にある権力が少なくともうわべだけでも緊張緩和を主張して、国家間の関係を監視することもないので、結局のところ、係争中の懸案を力ずくで処理せんとする刺激がさらに強くなる。それゆえに、倫理的基準の評価に耐える意志的態度が国家間の関係に現れるためのいかなる適切な土台も、ますます失われてしまう。だが、倫理的動機がこの土台に根付くのが困難になればなるほど、それにもかかわらず、ここで生じる諸行為のために、それ自体で妥当する事柄の仲介を必要とする企ては、事実また、ますます両刃の剣のようになる。つまり両義的なのだが、この企てにある倫理的判断への訴えは、望ましい正当な結果にはならず、むしろ期待された事態と反対の事態を、すなわちそれ自体で妥当する事柄をひどく侮辱するだけの批判を招くことになる。権力は倫理的基礎づけに立ち返って、自らがいかに曖昧な企てに関わり合っていたのかを、いまいちど認識しなければならない。

5. 権力行使の欲望

国家の権力行使は倫理的判断の監視下に置かれるのか、それとも倫理的判断のできない行動様式に入るのか。われわれはこれまで、この二つの選択肢の問題を論じ、追究してきたが、そのさいに手がかりとしたのは、国家権力自体が自らにとって何らかの都合の悪い結果になるにもかかわらず、この第一の選択のために尽力するということであった。しかし、この問題に応えるにあたって重要なことは、もちろんこの問題に強い関心を示した支配者の態度などではなく、われわれの論究の出発点となった事実、すなわち国家の権力行使がそのつど下す決断は自由から生じるという事実である。その決断は自由に由来するのであるから、二面性の特徴をもっており、自由意志のあらゆる決断はこの二面性からなされることになる。そうして、この決断は二面性の特徴をもつがゆえに、自らの決断についての倫理的良心の肯定かあるいは否定かを下す評価を欲しがる。決断がこうした評価を免れるためには、決断は自らのなかにある明瞭な諸力によって、いかなる二面性も排除する領域、すなわち自然の領域に属さなければならないであろう。それというのも、国家権力の倫理的判断を拒否する人びとが国家権力の多様な事象を「自然な」諸力の作用領域に組み込むことは、やはり何の矛盾もないからである。

これまで検討したことだけからいえば、国家の権力行使において確認される自由は、人間が意図し、行為するところでは、どこにでも働いている自由の特殊な事例そのものであるかもしれない。さらに、自由の特徴である二面性は、人間のあらゆる意図を曇らせる二面性の都合のよい事例にすぎないのかもしれない。だが実はここで、われわれはむしろ大勢の人びとの人間的な疑わしさに向き合っている。われわれは人間の問題の中心点に立っているのである。外側から見れば、身体的な権力行使は、身体から身体へと伝わる力の作用、つまり自然な事象以外の何物でもないように思われる。内側から、つまり行為する人間の心の奥から見れば、身体的な権力行使はまったく異なった相貌、心底不気味な相貌を露わにする。

人間に対する身体的な権力行使は、具体的行動のあらゆる可能性の一断片であり、この可能性は人間と人間を取り巻く環境世界との関係に含まれている。人間はこの環境世界のなかで、同質的な全体に向き合っているわけではない。環境世界は無生物と生物に分かれ、そうして生物はさらに植物、動物および人間存在に分岐して、人間に対峙している。人間があらゆる現実的状況において直面する事象は、無生物から生命ある人間存在にまでいたる階梯構造である。人間の側においてこの各階梯構造に対応するのは、各階梯の特徴に一致した、具体的行動の同じような諸階梯である。人間は、無生物と生物、つまり植物、動物、人間を何らかの方法で、また一定の限度内で意のままにできる。人間がそのようにできるということは、特殊な人間的状況を現実世界の領域で解決するということでもある。行為の諸可能性は行為とその階梯との関係のなかにあるが、この諸可能性のなかには、倫理的重要性がまったく欠けていたようなものは、ただのひとつもない。なぜなら、この諸可能性のなかには、それを利用することが人間の内的な全体状態にほんのわずかといえども反作用を起こさなかったものは、何もないからである。しかし、この倫理的重要性はどこでも同じだというわけではない。むしろ、人間の行為による現実生活の階梯には、その行為にふさわしい倫理的意味の階梯が厳密に対応している。この倫理的意味の階梯は無生物に対する境界のぎりぎりの限界までは低く、生命あるものへの移行とともに高くなり、動物界にいたるとともにいちじるしく上昇し、人間すなわち「人間存在」に向き合うことで驚異的に飛躍して、最大限に高まるのである。

この階梯構造の背後に、人間存在に対する権力行使を見て取る必要がある。そうすれば、権力行使の倫理的範囲が明瞭になってくる。人間的なるものの階梯よりも下位にある存在を意のままに扱うことは、人間の自由であり、この人間の一般的な権限はたしかに十分考慮に値するが、しかし特別に価値あるものでもないであろう。人間は一般的にいえば、動物を使役し、苦しめ、手足を切り落とし、いわんや結局はその命を奪う特別な可能性をもっている。このことはたしかに、何としても倫理的な重みがいっそう強くつきまとう一種の権能である。しかし、人間は自分の同胞を動物とまったく同じように扱うという事実、この事実はあらゆる比較可能な事柄を矮小化する一種の全能的権能である。なぜなら、この全能的権能の可能性が現実になることで、人間は自由裁量権を手にするからである。この裁量権は下方に向けて、すなわち人間よりも下位にある存在に向けて権能を発揮するのではなく、それ自体の存在の高さを保ち、そうしてそれ自体の存在のレベルで自らの対象を見い出す。この自由裁量権は何と広い範囲に及ぶことか！人間が自分と対等の同胞たちに命じることができるのは、同胞の外的な生活の制約だけではなく、同胞の意志の奴隷化、すなわち人間が自分自身の存在においてもっとも重視する事柄の奴隷化、人間が自分から奪い取られたと思わずしては手放せない事柄の奴隷化でもある。さらに、人間のもつ全能的権能は、最高の存在を支配下に置くことだけで使い尽くされるのではない。そうではなく、人間のもつ全能的権能は、外的な生存の破壊および生存の内的中核の壊滅の可能性にまで及ぶし、そうして他者の生存とその生存そのものにおいて耀く炎も消し去るのである。人間存在に与えられる自由裁量権は、もしそれが同じ序列の存在、対等の生存権をもつ存在を文字どおり消滅させる可能性を含んでいるならば、いっそう不完全なはずである。厳密にいえば、かくも広範な自由裁量権は、いったい誰にだけ認められるのであろうか。やはりそれは、絶滅させられる生き物が、自分を生み出してくれたことを感謝しなければならない存在だけにしか認められないであろう。すなわち、人間に命を与えた創造主だけに、人間から命を「奪い取る」権限が与えられてもよいのかもしれない。われわれが徹底的な絶滅の行為に耐えられるのは、その行為の代償として、同じように徹底的な創造の行為が対置される場合だけである。その点で、創造と絶滅の行為は、それが内容次第で対立し合っていようとも、その行為の構造において同じような優れた立場を行為の実行者に認めることで、やはり折り合いがつくような印象を与えるのである。人間の状況はいまや、この二つの行為のうちの一方の創造行為が人間の役に立たず、逆にもう一方の絶滅行為が人間に許されている状況にある。それゆえに、人間が創造行為を人間の諸力を越えるものとして、すなわち「超人的」として認めざるをえないならば、人間は創造行為が示した高みへ、結局は、やっぱり絶滅行為によって上りつめていくかのようである。人間はたしかに、創造力においては人間以上だと自惚れることはないが、破壊力においては人間を越えると自惚れている。したがって、人間同胞の絶滅にまで及ぶ自由裁量権は、自らを「超人的」だと感じるのかもしれない。このことから明らかなのは、自由裁量権をもつ人間はその権限の行使において、まさに自分自身を超克しているような感覚に陥り、また本来は神にのみ相応しい豊かな御業を贈られているかのごとくに感じるのである。

この超人的な全能感に支配される者の思考と感情においては、いま行った考察が、完全に明確になっているとはいえない。だがしかし、この自由裁量権の意識にいったん心を支配された者の心底に隠され、暗々裏に生きている事象は、いままでの考察で十分に解明されている。それは、神のごとくの完全な力の高揚感が栄養として、大きく育つような観念であることは疑う余地がない。人間を支配する者はいとも簡単にこの高揚感に満たされる。そうした支配者は、その同胞が平穏に暮らせるのか、あるいは苦しめられるのか、忍耐の日々を送るのか、あるいは苦しみの日々を送るのか、生きる理由があるのか、死なねばならないのか否かが、自分の判断次第であることをいちど知るならば、かれはこの高揚感によって、いとも簡単に、真に悪魔的気分に陥ってしまう。そうしてかれは、この悪魔的気分をしかるべく十分に楽しもうとする。少なからずかれ自身は、日々の生活とその楽しみを断ち、何の躊躇もない絶滅の恍惚感に酔いしれる喜びを味わう。この心理的な事象を詳細に考察して見れば、きわめて残酷な、たがの外れた絶滅の陶酔感の病理的諸現象にたいていは目が向けられる。だが、あまりにも簡単に忘れられてしまうのだが、その病理的現象は、この極端な事例から正常な心理的生活の領域のまさしく一部であるような、同じ現象的傾向へやすやすと移行してしまう。異常な心理的現象とは無縁である心でさえも、権力所有の誘惑的な欲望に残念ながらいとも簡単に敗北してしまう。人間の幸福と生活を思いのままにする権力が自己顕示欲の強い者に与える喜びを見きわめる場合にこそ、大小の権力者たちが自分たちの共同の産物を追究するさいに発揮する根気強さと、ほとんど尽きることのない創意工夫を、われわれは理解できるであろう。

6. 権力欲の保護施設としての国家

国家の現実は、人間存在と人間の運命にとって何を意味するのか。このことを理解しようとすれば、いま考察した欲動の恐るべき強さと破壊的な衝撃力を考慮しなければならない。人間生活において、この欲動がきわめて長きにわたって保証され、鼓舞され、強化される領域は、やはり国家なのだろうか。国家はこの欲動に対して防波堤も築くが、たしかにこのことは、国家に認められなければならない。欲動が国家の秩序に抵抗したり、国法を侵すことで自己満足を得ようとすれば、国家はこの欲動に抗して、それを制御する。このことは破壊的な暴力行為の状況に効果的な影響を及ぼす。その結果、破壊的な暴力行為になりがちな自然本性は、暴力行為によって危険にさらされれば、多大な外的および内的な制圧にただちに直面し、それによって、しばしば自らの情熱の充足をあきらめる。だが、このことで重要な問題の一面だけは説明できるが、残念ながら問題のもっとも本質的な側面は説明できていない。周知のように、禁止的な権力行使と要請的な権力行使は互いに強く結びついている。そうして、この結びつきは本来、権力行使において一面では消失するものが、他面では一段と強い形で再現する性質をもっている。権力が国家の秩序に抵抗する限りで、権力を効果的に制圧する国家は、比較できないほど広くかつ豊かな活動領域を自ら権力に提供する。国家は権力の執行者として、自らに抵抗する権力を脅し、阻止し、そうすることで権力を振う勇気と機会がさらに消え失せることを知っている。国家は権力の執行者として、自らのなかに息づく権力に、その力強い成長の機会を与えるだけではなく、その権力からあらゆる良心の呵責を排除することも正当化する。国家はまさしく培地であり、いわば権力の喜びを最高のものとするあらゆる性向の必須の保護施設である。それというのも、国家が自ら弾圧する権力に対するあらゆる抑止行為は、国家の担い手たちにとっては、自分たちが国家の名において行使する権力と同じく、正当な行為なのである。違法な権力を利するために闘った者の悪しき良心と、違法な権力を阻止せんと闘っている者の善なる良心は、同じである。国家権力の執行者を法的規範に制約できるとすれば、また権力行使が法に即して有罪とされた事態の根絶に無条件に限られるとすれば、善なる良心にはいかなる疑念もあってはならないであろう。それでもやはり、権力行使を好む性向は、たしかに相変わらず、権力活動を楽しむかもしれない。だが、この性向は善なる良心を強靭にする結果、公正に要求された事態の制約を越え出ることはできないであろう。ところが、国家的生活は、国家的に承認された権力行使をいろいろと規制して、いわば権力行使の自己増殖から保護するいかなる可能性も、実際には残していない。法的規準は、国家権力の指示にごく一般的に利用される、何らかの基本路線を敷くこと以外には、何もできないのである。国家権力の指示を尊重するにしても、権力には十分な余力がつねに残っており、権力はこの余力をもって、とくに実効力を発揮するために、自由な判断で行動できる、いや、必ず行動するのである。この権力の余力は、もし権力欲が生じた場合に備えて肥沃すぎるほどの入植地や生存圏を用意する。

しかし、国内的状況のきわめて厳格な秩序でさえも、権力所有の誘惑を有効に阻止できないならば、対外的な諸関係の世界は、力の所有を求める欲動のために与えられた遊び場そのものである。それというのも、上部から規制を行う支配の監視がこの欲動の領域にまったくないような事態は、欲動が集団生活においてやはり支配されていると感じるあらゆる事由から解放されている、ということである。ここで思い浮かぶのは、真に自由な領域を征服・迫害・絶滅せんとする欲求である。この欲求は、あらゆる外的な諸制約と内的なためらいから解放されて、同種・同権の者を力ずくで抑圧することに腐心する。実際、この欲求は、多数の同胞たちを次々に撃ち殺す一方、心にやましさのない善行だけではなく、人間の運命を自由に操り、神の高みにまで達したと感じる至上の喜びも享受する。

国家はかくも権力行使の欲求に豊かな活動領域を開くだけではなく、その欲求に魅力的な根拠も与えるのだが、このことは国家がそうやって人間存在の危険きわまりない諸側面のひとつを十分に発達させ、そうしてその側面を行き着くところまで駆り立てる、ということでもある。国家の多様な権能に起因する衝動は、まさしく法外な力である。心の底に根ざした、また非常にいかがわしい欲求衝動は、自らに不信を抱くに足る理由をもっているといえば、そういえるのだが、その欲求衝動が何らかの領域に移し替えられるならば、いったい何が起きるのか?その領域とは、人間によって求められる諸行為の様式を人間に要求し、それゆえにそうした諸行為の無数の動因とともに、さらにまた、裏付けのあるかつ刺激を与える動機を人間に十分に与える領域である。ますますもって人間は、自らの満足を妨害するかもしれない抑止力から解放されていると、感じるにちがいない。人間は、自分にきわめて大きな満足感を与える諸行為が許されるだけではなく、その行為が要請されている、いわんやその行為が最高の称賛に値し、好意的に評価されると固く信じて、この信念にますます凝り固まるにちがいない。人間がそうやって、実際に自分の異常な欲求のとりこになるとすれば、人間は自分の責務を果たしているだけだと納得したがる。このような自己欺瞞の詭弁にとっては、これ以上に都合の良い状況はありえない。この詭弁的な弁明がそのままそっくり当てはまる人間も行為も状況も、もちろん存在する。客観的な必要性で理由づけられる事象の限界を決して踏み越えることのない、そのような権力行使もたしかに存在する。だが、人間の自然本性は、そのように釈明できても、その釈明がしばしば自己満足しか考えない権力の誘惑の隠蔽にすぎないことに気づけないのだが、この自然本性については十分に承知されていないと、いわざるをえないであろう。

7．絶対的権力のめまい

権力行使の愉悦感にとって重要なことは、概して人間を思いのままに操ることだけではない。この種の欲動にとっては、自己満足の範囲の拡張もきわめて大事なのである。それというのも、自分の裁量権の及ぶ範囲とともに、その裁量権を楽しむ自尊心もまた強くなるからである。結局のところ、この欲動には、考慮に値する共同存在者全体を狙いとする傾向がある。そのさい自らを神に似せて正当化せんとする感情は、すべての共同存在者を意のままに操ることでようやく、自己満足を確実にしたと思うのである。

　こうした理由で、われわれが検討した倫理的問題にとって気がかりなことは、この欲動の意のままになる諸集団が歴史の発展過程でその規模をますます拡大する事態である。われわれが「秩序」と呼んだ統一と統合の原理はとにかく、自らが包括できる個々人の数については、根本的にまったく際限を知らない。組織的統合が克服できない限界に達したのではないかと思われた場合に、人間の知性はくり返し結束・意思疎通・調整の手段および統率の手段を見つけ出すことができた。このような手段こそ、限界の克服には必要であった。そうして、支配的権力が一カ所に、つまり特定の人間や機関に集中すればするほど、支配的権力によって維持される組織はますます影響力を拡大し、またその組織はそのつど達成せんと企てた行動や作業のために、確実に大衆をさらにいっそう動員することもできる。組織的に捕捉された大衆を、号令ひとつで思いのままに動かすだけではなく、生死を賭けた行動に向けて動員もできるという、この人間の感情は実際のところ恍惚としているにちがいない。われわれにとっては周知のことだが、たいていの場合に動機と刺激を与える、人間生活の根本的状況はきわめて外的な事態にゆだねられている。平和的手段による調停が困難になる深刻な対立が大集団の間で顕著になってくれば、強大な諸力を思いどおりに結集できるという意識は、権力の支援を強力に頼る動機のひとつである。人間をよりいっそう支配することが無上の喜びである意志への誘惑は、何と抗いがたい影響を与えることか！相手との対抗心をそそるものは、土地の所有だけでもなく、また高価な財の豊かさだけでもない。それはとりわけ、支配される同胞の範囲がさらに拡大され、人間のあらゆる事象にさらに接近できる展望なのである。もしかりに、動員された何百万もの人間がこの拡大の衝動によってひとつの戦力に、すなわちひとりの巨人のごとく、上部からのいかなる指令にも従う戦力になるならば、また比類のないほど精確に作動する機械装置のようなものが全土を荒廃させるならば、また味方の陣営でも敵の陣営でも無数の人びとがおぞましい戦闘で血を流し、命を落とすならば、こうした犠牲を生み出す意志は、実際に世界の運命を支配する一種の全能感に浸っている。そのさい、何といっても心の内なる思いは、こうである。おまえが命じることは、おまえの使命を果たすことでなされるし、それゆえに内面的な義務、つまり、ひたすら自らのために求める、そうして一時の情の脆さに決して流されない内なる義務感で行われるのだ！

　このように考えることで、良心の都合の悪いためらいから自由になる意志、この意志を育て上げるために、哲学理論はそれ相応の貢献をしてきたといわざるをえない。オスヴァルト・シュペングラーの「歴史形態学」[訳注9]によって、近代の意識にとくに馴染んだ、あの歴史哲学的思想の類型を思い出して見ればよい。そのさい近代人に吹き込まれたことは、冷徹な「リアリズム」を学ぶことである。この「リアリズム」は、唯一適切な心的状態として、またうぬぼれた空想家たちを愚弄したものとして、われわれが到達した歴史の発展段階である。この空想家たちは「ヒューマニズム」の理想をまだお払い箱にしてはいなかったのであるが。そうして民族は、世界民族の過酷な競争で頂点に立つ「形態」になることだけを教え込まれる。そのさい、人間が「猛獣」であることに、結局のところ人間の名誉や栄誉が求められるのである。この「猛獣」は、「同情や宥和という軟弱な感情」を断ち切らねばならないし、また憎しみのなかで自己本来の「人種感情」を認識し、それを育成しなければならない。この非人道性の哲学の系譜は、ニーチェ[訳注10]を経て、ヘーゲルの歴史の形而上学[訳注11]にまでさかのぼる。ヘーゲルは世界史的な民族の行為に、とりわけその指導者の行為に対して「道徳性」の判断権限を認めず、また「世界精神の実行者」の情熱を――これは事情によっては非常に胡散臭いのだが――世界史的な理性が自らの諸計画を実現するための原動力であると明言する。ヘーゲルは結局、世界史の歩みが際限のない犠牲に覆われ、その犠牲が歴史の全体的な歩みの必然性によって要求され、正当化されると偽るのである。ヘーゲルはそのように語ることで、歴史の全権者であると自惚れている者に、その者が無駄な犠牲を強いた何百万の人びとに対する一切の同情の気持ちを免責するだけではなく、そのような気持ちをまさしく押さえ込んでもかまわない、と思わせるのである。ヘーゲルは、道徳的批判が沈黙せざるをえない必然性という執行者を十分に理解している。それは、自分の使命感に満ちあふれた民族の指導者の信仰告白のなかに何度となく見られる周知の思考過程に他ならない。

かくのごとく正当化される権力行使は世界にあらゆる影響を及ぼすが、この影響の総体に目を向けて見れば、その他一切の暴力的行為はこの権力行使に比べて、些細な行為に矮小化されてしまうかもしれない。国家による権力行使の圧倒的な力の優位に関する考察は、今日までなされてこなかった。権力は息もつけないほど迅速に、また考えられないような上昇力で、この破壊的な影響力を大胆きわまりない空想力でも思いつかないような高みに押し上げた。それゆえにこそ、この権力に根ざしている倫理的問題も、以前の世代とは比べようもなく、われわれの世代の心に重くのしかかっている。深く傷ついた倫理的良心が、国家権力の凶暴な絶滅行為の記念碑の建つ廃墟を目の当たりにして、いかなる権力行使ももう沢山だ、と絶叫するならば、それは至極当然なことだ。やはり、何といっても、権力行使の絶対的な拒絶こそが、責め苛まれた人間に唯一の救済をもたらすように思われる。この倫理的良心の要請は、それが確実に受け入れられるのかどうか定かでない場合には、次のような期待になりやすい。計り知れない哀しみの奈落が過ぎ去ったあとで、心のもち方を変えることも、また権力の復活をいっさい排除するような、生活秩序の改革もやっと信じることができるという期待である。だが、この一途な願いは冷静に受けとめられなければならない。つまり、権力へ訴える原因がすべて取り除かれ、権力への一切の誘惑が根絶されるような、いかなる人間的状況の変革も起きないのである。人間の共同生活および諸民族の共同生活は権力だけが首尾よく処理できるような紛争に再三、巻き込まれるだけではなく、その共同生活には、つねに新たな誘惑による権力行使の欲求も息づいており、こうした状況は依然として変わらないであろう。もちろん、このような誘惑は肥大して、権力への意志が及ぼすかもしれない影響力、つまり蠱惑的な魔力をさらに手中にするかもしれない。人間は、こうした自己脅迫を決して免れることはできないであろう。権力の残酷さにおののく人間の心が、権力の人質から救い出された人間の状態を想い描いて、とにかく喜んで慰めと安心を求めようとする、まさにそのときにこそ、この自己脅迫の真実の姿が無視されてはならないのである。人間はいつも、脅威に直面したくないと思ってはいるが、それでも、確実に脅威の餌食になるからである。権力の魔神を最終的に駆逐したと錯覚し、それゆえに、この魔神への警戒をおろそかにする人間の心は、いとも簡単に権力の魔神に絡め取られてしまう。権力はいろいろな衣をまとって変装することができる。権力は世間の人びとや個人の良心の前では、善良な表情を装うのが得策であると思えば、どのような理屈にも窮することはない。権力の親愛の言葉など、状況次第では簡単に舌先三寸になる。権力を享受したいという心の奥に潜む欲求が、権力の無条件の放棄を宣言して、それで満足の手段を得るなどということは、きわめて特殊な事例にすぎない。徹底的な倫理的要求を貫くために、臆することなく多大な権力を集約しようとは、誰も考えないのか！権力は、かく多様で、効果的な婉曲表現を自在に操るがゆえに、倫理的良心が本当に権力に打ち勝つことができるのは、次のようなときだけである。つまり、権力に殺到する根絶しがたい誘惑、権力を誘発する避けがたい状況および権力の思いのままの多種多様な偽装に、決して騙されないときだけであり、また自分の心に潜む権力欲に対する不信の念を何としても覚醒させて置くときだけなのである[原注2]。

かくて国家権力は、倫理的判断が国家権力の必要性の根本的な承認に同意すること、このことを相変わらず引き合いに出す事実、権力の所有による人間の心を丸め込む種々の誘惑が、やはりそのような同意をできる限りもち出して、抑制できなくなり、そうして倫理的良心を激しく否定する行為を誘発する事実、われわれはこうした事実に直面している。自由の二面性は、承認されるべき事柄と拒否されるべき事柄の絡み合いのなかで現れるときにこそ、力強い効果を発揮できるのかもしれない。それというのも、自由の二面性がつねに切迫した形を取るのは、良心的な判断でさえも、理由のある正当な義務行為と偽善的な口実で偽装する恣意の逸脱行為との区別に苦労する場合だからである。だが、われわれの場合、事情はこうである。すなわち、国家権力の断固たる行為はその客観的な必要性を真剣に判断してなされるのか、あるいは個人的な自己満足の欲求でなされるのか。このことをいかなる状況においても、はっきりと確かめることのできる確実な基準などまったくありはしない、ということである。国家権力の行為が引き起こす状況はほとんどいつも見通しがたくて、必要とされる事柄と排すべき事柄の間の境界がすっかりぼやけてしまう。

国家権力の所有者たちに、このさし迫った誘惑に対する免疫力を与える方法を探しても、それは無駄なことだろう。倫理学の歴史は、権力から攻撃可能性を取り除くことで権力の危険性を無化する注目すべき提案を知っている。その提案は、プラトンの『国家論』のある重要な箇所[訳注12]に述べられている。愛国者プラトンのような思想家にとっては、国家権力の諸行為は良心の深刻な抑圧になっていた。それというのも、プラトンはギリシア、とくに当時のアテネが権力の制御不能な暴発によって、自己崩壊の危機にさらされていたのを見ていたからである。プラトンはまた、人間存在の根本的諸条件を鋭く洞察しすぎていたので、可能な救済手段として、どのような権力の徹底的な排除も考えることができなかった。かくてプラトンに突きつけられた問いは、こうであった。決して排除できない権力行使そのものが、自らの内にある種々の誘惑を無力化する形で、いかに規制され、統制されるのか、ということであった。プラトンはこの問いに応えて語る。権力は、素質、気質および活動の点で、いろいろな誘惑に惑わされることの少ない、したがって権力所有の誘惑に決して振り回されない人びとの手にゆだねられねばならないと。プラトンの考えでは、この要求を満たす人びととは、自分の本来の活動が自分の内面的価値と意義に即していて、国家の権力行使のあらゆる誘惑に惑わされない人びと、その結果、国家統治の業務を義務感だけで引き受ける覚悟のある人びとに限られる。プラトンによれば、このような人びとは唯一、哲学者たちだけである。したがって、哲学者たちの責務は、張り詰めた思索の合間をぬって、交替で国家統治の課題を引き受けることである。要するに、国家権力は、その権力が自分たちにはほとんど重要でないと考える人びとによって行使されるべきだ、ということである。

プラトンの提案は注目に値する。それというのも、プラトンは、抑制されるべき欲動の途方もない危険性をどれほどはっきりと認識していたのか、それを大胆に証明しているからである。ただ残念なことに、その提案はいとも簡単な理由で実際には役立たないのである。国家統治は、それに専従する人材を必要とし、したがって片手間では処理できない、また寄せ集めの人材では処理できない最前線の活動である。いわんや、国家統治は自らの任務に心底、燃え上がるような情熱で取り組む人だけが成果を上げることのできる活動である。何百万人もの安寧、何百万人もの生存がかかっているならば、献身的な気持で奮い立つような、あらゆる精神的な力の絶えざる備えと緊張感こそが必要となる。「命令する立場にある者は、命令することに喜びを感じなければならない」。だが、命令の喜びが感じられるならば、命令の全能性のなかに潜む誘惑もまた野放しにされている。このことはいたるところで見られることである。すなわち、日常の業務の処理水準を越える活動を適切に達成するには、的外れのことに踏み込む危険を負う犠牲を払って、ようやく成し遂げられるのである。この場合、自由の二面性の脅威を賢明な措置によって取り除く可能性は、やはりどこにおいてもさらに少なくなる。

われわれがこの切迫した混乱の避けがたい状況と混乱の振幅の大きさを率直に釈明するならば、権力を好き勝手に行使する意志の行為を表面的に比較可能な動物的衝動の作用と比べる余地さえもなくなってしまう。通例の用語法に従って、まぎれもなく人間的な諸事象をいわば力＝「本能」のせいにするならば、このことはたしかに事実の歪曲である。動物的機能はそれ固有の限界を越えられない自然本性によって有害な逸脱行為のあらゆる可能性から守られているが、それは「本能」という呼び方に真にふさわしい動物的機能の本質である。動物的機能は自らのなかに基準を備えているのである。だが、人間の権力衝動は、決して「自然」ではない能力として、その素性を明かす。それというのも、権力衝動は安全装置がまったく自立的に作動しないがゆえに、自己の生存圏の全面的な破滅につぐ破滅を拡大させるからである。人間の権力衝動には、結局は自らに背く多様な行動の自由が内在しているのである。

第4章　国家と自然

1. 自然主義の倫理学

人間は国家権力の所有によって、種々の誘惑にさらされる。この誘惑の力が強くなればなるほど、またこの誘惑が世間体をつくろったり、行為者の良心に対して悪意のないふりをすればするほど、警戒心をもつ必要がますます、厳しく説かれなければならない。人間が欺瞞の網に絡め取られて絶望するのを防ぐことができるのは、この警戒心だけである。一方、この警戒心が切実に求められれば、求められるほど、ますます種々の胡散臭い見解・信念・教説が必ず現れてくる。それらはこの警戒心を可能な限り徹底的に麻痺させ、それを本質的な成果とする。われわれはこれまで、こうした言説のもっとも古く、きわめて影響力のある形態を見聞してきた。国家的な権力行使の発現が「自然」な力の作用として解釈されるならば、われわれはどこにおいても、こうした言説に出くわす。われわれは、この言説が倫理的な自己制御のあらゆる萌芽を何としても摘み取ろうとする理由を知っている。自然界というのは、いかなる二面性にも関わりのない自明な領域である。ある種の状態を自然の力の諸作用に組み込むことは、この状態を自由の二面性の領域から追放し、そうして倫理的な肯定と否定のいかなる可能性からも放逐することである。自然界はありのままの状態であるとしかいいようがないし、別様にありたいと願っても、それはまったく無意味な願いである。自然界に対しては、用心、不信の念、警戒心はまったく用をなさない。

もっとも、このような諸原則に現れる倫理学的自然主義は、異なる観点からの反論を結局は受け付けない理論のひとつである。そのような理論は自分の仕事を片づけるだけだからである。理論が自らはっきりと否定する事柄——理論はそうした事柄のあることを認めないが——を、その理論自体が論述全般の前提にする事態、また理論がいかなる関心も示さない土台が理論から奪われるとすれば、その理論は当然底なしの深みに転落せざるをえないような事態、こうした事態が明らかになる場合にこそ、理論というものの根本的な変革が起きるのである。自然主義的倫理学はこうした状況に置かれている。自然主義的倫理学は古くから人びとに影響を及ぼしてきたし、またこれまで以上に、今日も影響を及ぼしているが、やはり自然主義の自己否定の罪を立証することは無駄ではないと思われる。われわれはこれまで、この自然主義に反論するために非自然主義的な倫理学を考察してきたのである。

自然主義が国家に帰属する人間の意欲や行動のなかに自然の一部しか見ようとしないならば、自然主義はこの自然の一部がその他のいかなる自然的諸力とも無関係な、その点では、この自然の一部に特別な様相を与える、ある種の固有性をやはり否定できないのである。この固有性の本質は、自然の一部がありのままにあるだけではなく、あるがままの状態であるだけでもなく、むしろ自らを、つまり自らの存在と行為を省察することにある。自然主義は、この固有性を認めないわけにはいかない。自然主義がこの固有性を否定しようとすれば、自らを否定することになるだろう。それというのも、自然主義自体は、ありのままの人間の理論であり、それは省察の結果としてだけ可能であり、自然の一部はこの省察によって自らを振り返るからである。それゆえに、自然主義はこの固有性を容認すれば、自分の立場が何となく危うくなるかもしれない事態を強く拒否するのだ。現実世界の一部はたしかに、「もともと」自らを省察する出来ようにできている。だが、このような省察は、自然的な過程、因果関連、自らを省察する出来事の明確な厳密性を何ひとつとして変えることはない。省察という形で生じる現象は、実際には「投映」、すなわち生じている現象の鏡像にすぎない。ここで、さらに自然の存在には、自然があるがままの自然としてまったく変化しない現象、すなわち意識というものが付け加わる。意識とは、観察者の行動における出来事の自己完結的な経過にともなう、いわば随伴的な現象である。この意識のなかで映し出される現象の鏡像が、何かを変えることが少なければ少ないほど、その意識は自らのなかに映し出される現象の自然な連鎖に変化を与えつつ、介入することがますますできにくくなり、そうしようという気もほとんどなくなるのである。

ここまでは、自然主義的な根本命題が揺らぐこともなく、自然の一部の特性が容認されるのではないかと思われる。だが、われわれがあと一歩だけ踏み出すならば、こうした見方は変化する。自然主義的理論は自分自身を随伴的な意識の鏡像として解釈することで、この鏡像が理論のなかで投映された事象を正しく映し出していることを、何としても主張するにちがいない。それどころか、自然主義的理論は、自らのなかで映し出している事象の適切かつ正当で、純粋な解釈として認められることを要求する。この理論は自らを否定することなしには、こうした要求を放棄することができないのかもしれない。そうして、自然主義思想の歴史が教えるように、自然主義的な国家観は理論的な自己分析の純粋な喜びから生じてきたのではなく、むしろ同じ出来事の別様な解釈、すなわち内容的に反対の解釈にとどめを刺そうという願望と意図から生じてきただけに、自然主義的理論はなおさらのこと自分の要求を放棄できにくくなる。自然主義的理論は「虚偽」が姿を見せないように、自分の領域を「真実」として守り通さざるをえないのである。この理論は、すべての伝統的慣習や教育体系の形態のなかに虚偽があると思っている。これらが、国家的諸力の自然な起源と活動様式をいろいろな解釈、評価、要求によって覆い隠したり、否定したりする、というわけである。自然主義的理論は空想家たちのあらゆる夢うつつの幻想や常軌を逸した要求に決着をつけようとする。それというのも、空想家たちは、国家をあるがままの存在として、すなわち他のすべての自然と同一の原則が適用される冷徹で、詩情のかけらもない現実と見なす決断ができないから、ということなのだ。

ところが、倫理学的自然主義にとってもともと自明である論争的立場には、きわめて重大な前提が含まれている。倫理学的自然主義は、問題となる現象の自らの解釈と異なる解釈に反論するさいに、意識を頼りとする。倫理学的自然主義は、意識が不確実な現象を意識自体にただちに投映することを、もちろん想定はするが、しかし意識がこの現象と対立して、この現象を虚偽として投映することも知っている。したがって、倫理学的自然主義の論争のあり方は、随伴的な意識が解釈される現象を虚偽としても再現できることを前提としている。たいていの場合、この虚偽の鏡像には、映し出される諸過程を歪曲する特徴がある。だが、このことを容認すれば、次のような問いが必ずや生じてくる。すなわち、現象の虚偽の鏡像は、その現象の経過において、現象が正しい鏡像によって受けとめられたのとまったく同様に、果たしていかなる影響も受けないのか否かという問いである。たとえ、その虚偽の鏡像が随伴的な現象として脇にあるだけだとしてもである。もしかりに、虚偽の鏡像がいかなる影響も受けないとすれば、随伴的な意識が自らの問題を適切にあるいは誤って処理するのか否かは、この自然の一部にとってはまったくどうでもいいという奇妙な事実に、われわれは慣れてしまうかもしれない。これはやはり、自然主義自体の考え方なのだろうか。もしそれが自然主義の考え方であるとすれば、自然主義の反論は純粋な理論領域の誤りを取り除こうとする願望に立ち返るだけになってしまうし、その結果は理論にだけは役立つかもしれないが、その反面、理論の実践にとっては何の役にも立たないであろう。理論の実践はその誤謬を取り除くために、やはりまったく同じ経過をたどるかもしれないからである。ただ自然主義は、その論争の内容によっても、またとくに論争の基調によっても、控えめな結果に甘んじるつもりのないことがわかる。自然主義が国家的領域のイデオロギー的な美化と闘うのは、そうした美化によって理論的判断が鈍ると思っているからではない。そうではなく、自然主義はこのイデオロギー的な美化が人間の生活実践を惑わすものだと確信しているからこそ、そうした美化と闘うのである。誤った見方をする者は、行動さえも誤るのだ！空想的な偽りの群雲で自分の意志をいったん覆い隠してしまった者は、もはや人生の闘技場で自らの力を振るう勇気をもつことができない。この者は自分自身の節度を求めれば、求めることができる場を得ることも、あれこれと思案を重ねることで阻まれてしまうだろうし、勝者になろうとすればなれるものを、敗者で終わってしまう。そのような人間は、自然の諸要求を人間生活へ移し替えた、非力で弱々しい人間性の要求ために、自然の諸要求を犠牲にするのだ。こうした自然主義の論駁がしばしば、ニーチェの憎悪の爆発で知られる激情的な興奮状態に陥ったことは、理由のないことではない。しかしまた、このような興奮状態はすでにソフィストたちのなかに先駆けがあり、その姿はプラトンの『ゴルギアス』[訳注13]のなかに書き記されている。自然主義的思考がいきり立つのは、華やかな生を歪め、その活力を奪う幻想を敵対者と見なしているからである。そうした幻想には、解放者の情熱が燃えさかっている。この解放者は神経を麻痺させる偏見の束縛から人間を解放し、人間自身の勇気を称賛することが天職だと思っているのである。そのような使命のために選ばれたと思っている人は、意識というものを現実の不動の大地に架かる無力な蜃気楼としてしか見ようとしない、そのような見方からまるで隔離されているのである。それどころか、この空想的な意識は、解放の使命ために選ばれたと考える人にとっては、もともとの原動力である。それというのも、この空想的な意識が原動力であるときにだけ、意識の錯誤は自然主義の闘争キャンペーンで騒ぎ立てられるような、多くの損害をもたらすからである。

しかし、錯誤する意識によって台無しにされる事態の評価だけではなく、有益に啓発された意識がなし遂げる事態の評価でも、自然主義はこの精神的諸力の影響力に信頼を寄せる。自然主義の訴えかけが、誤謬を犯す人びとの生の意欲を驚くほど飛躍させ、生のエネルギーを驚異的に発揮させると確信していないならば、自然主義はいったい何のために、いわゆる誤謬を犯す人びとに強く訴えかけようとするのだろうか。自然主義はいわばその訴えかけによって、間違いを犯す人間存在の変容を期待しているわけである。その変容とは、意識への呼びかけが人間形成のために決定的な役割を果たすときにだけ生じる、そのような変容である。この自然主義に影響力が欠けているとすれば、人間の改心のための一切の努力は、いったい何のためなのか。かくのごとくの生の修復力に対する確実な信頼感が、自然主義の命法に共振していないと感じる人は、自然主義をいかがわしいと思うのである。

自然主義の実践的態度の諸前提がいま明らかにされたが、この諸前提を考慮すれば、自然主義の根本命題から、いったい何が生じるのか。自然主義はこの現実世界の一部に可能性を与えるし、その現実世界の一部に誤りもある思っているので、したがって現実世界の変化を求めるのだが、この現実世界の一部をこれから先も自然の一部と見なすことができるのだろうか？自然の本質が典型的に具体化されている現象領域を慎重に比較しても、そのように見なすことができないのは明らかである。人間以外の自然に該当するものはすべて、いわゆる人間的な「自然本性」に決して受け入れられない事象である。人間以外の自然は思考し、判断し、かつ意欲する意識のなかに映し出されるのか否か、それがどのように映し出されるのかということは、そうした自然にとって、つまりその自然の存在と在り方にとって、まったくどうでもいいことなのである。人間以外の自然は、かくのごとくの意識のなかであれこれと観察されたり、正しいとか、誤っているとか決められたり、肯定的にあるいは否定的に評価されたりするとしても、その自然はあるがままの自然にすぎない。この自然は、そうした評価的意識による要請や抑止を受け入れもしないし、それを必要ともしない。そのような自然を「自然の理に反している」と非難したり、「自然に即して」振る舞うように仕向けたりすることには、いったい何の意味があるのか！われわれが人間的領域の外側にとどまる限り、人間的事象はすべて抜け落ちざるをえない。なぜなら、人間以外の自然は、理論的に探究し、価値論的に判断し、かつ実践的に要求する意識を、自らには関わりのない観察者として、事実上、排除するからである。そのような自然はきわめて明瞭であり、意識が曖昧さの狭間で忙しく追い立てられるのを、首尾よく免れることになる。しかし、人間によって、また人間がつくり出した生活環境によって形成される現実世界の特徴は、その現実世界が意識を決して自らの外側に置くことなく、自らの最奥の核心で、すなわち揺れ動く内なる中心で意識と一体化する点にある。このことは、自然主義が結果的に、自らの誤りを率直に告白できないことになる。誤りを告白すれば自ら破滅するかもしれないからである。しかもまた、それは自然主義が自らの誤りを否定できない結果となる。否定すれば自らの行為の否定になるかもしれないからである。結局、人間の意識が主導権を握ることで、その意識の真理のために肯定される思考と誤りのために否定される思考の対立、その意識の価値のために肯定される存在と無価値のために否定される存在の対立、その意識の合規範性のために肯定される行為と反規範性のために否定される行為の対立、これらの対立もまた露わになる。この対立が前面に大きく現れる結果、この対立の領域で主張される「自然性」を救済するために、本来ならその対立の領域を否定するはずの理論でさえも、当然ながらこの対立の領域を考慮して、そうして対立の領域に即して対応せざるをえない。このような理論は、人間の「正しい」自己評価と「誤った」自己評価、すなわち自然主義的な自己評価と倫理的な自己評価、人間の「正しい」行為と「誤った」行為、自然に即した行動と自然に反した行動の相互対比を回避できない。したがって、自然という名辞で、つまり厳密な明確さで際立つ審判の名のもとに、「倫理的」理論による肯定と否定に対峙する、そのような理論はまさしく自然という名辞で、内容の異なる肯定と否定を宣言して、それによって自然からその明確さを奪い取る罪を認めざるをえない。だが、このことは、実は自然の基盤を失うことでもある。ここで「自然」と呼ばれる事象は、それがどこから生まれ出るのかを、その形態によってきわめてはっきりと明らかにする。すなわち、それは自由の世界に由来するのである。「自然の」内容を型にはめようとすることは、矛盾そのものの始まりである。

2. 自然主義の基準

自由の原理によって構築される思想構造の形態が出来上がるためには、これまで明らかにされた諸々の特徴に加えて究極的なもの、すなわち「それ自体によって」妥当する事象を想定することが、自然主義に足りないというわけではない。肯定価値と否定価値の対置は、それが正当であるためには、その二つの価値を測る基準を前提とする。そうして、自然主義の理論が正しさを装い、「倫理学」を自称できるのは、その理論が実際にそうしたひとつの基準をとにかく示して見せるからである。自然主義の理論による「倫理学」の自称は、この理論がひとつの基準に与える名辞だけで、簡単に人の目をくらましてしまう。この基準とは「自然」ということである。この自然という名辞で表される事象は、その事象の事実性において理念的妥当性とは何の関わりもない単なる事実として正当に理解される。それゆえに、価値的事象が事実的事象によって簡単に排除されるような見かけ上の現象が生じるのである。だが実際には、そうではない。肯定と否定の定立は、理念的に妥当な事象の前提から分離できないのである。肯定と否定は理念的に妥当な事象において規定される。自然主義が特別な状況に置かれるのは、自然主義の主要な概念が事実的事象と妥当的事象との関係をとりわけ不透明にして、そうやって両者を不当に同一視する危険を招くからこそなのだ。結局のところ、自然主義もまた、事実的事象と妥当的事象の区別を証明することはできない。

　自然主義が承認した基準は、決まり文句で明快に語られる。それは、「強者の法」である。はっきりいっておくが、「法」である！この「法」という表現は、「倫理的」な諸理論の語法につじつまを合わせることで使われ始めたのではない。その表現はきわめて真剣に受けとめられなければならない。自然主義を単なる事実確認の表現と解釈するならば、自然主義を誤解することになるだろう。自然主義は、強者がしばしば、往々にして、あるいはつねに、その優越的な力を実際に行使するといいたいわけでもない。また自然主義は、強者が実際にその優越的な力を行使するとすれば、強者がその根拠の説得のために、いわゆる強者の「法」を引き合いに出すというつもりもない。むしろ、この強者の法は実際には強者の当然の権利だと考えられているのである。強者は、自分の優越的な力を行使するさいに、侵すべからざる合法性という意味で「正しく」行動する。強者は、その力を行使しない場合には、同じ意味で「誤って」行動することになる。純粋な自然主義の類型は、この合法性の主張が放棄されるならば、確実に破綻する。このことは、マキアヴェリ[訳注14]の事例を見ればよい。マキアヴェリは自然主義の純粋なタイプにしばしば誤って分類されるが、かれは責任ある政治家に自分の進言する政策案、つまり「マキアヴェリ主義的」な国家統治の技術を、規範に適った提言だというつもりなどなかった。それどころか、自分が推奨した諸々の政策案の大部分が「悪しき」ものであることを、率直に告白している。それは、どうしようもない政治的な活動領域の性質、すなわち人間集団の矯正しがたい卑劣さにすぎず、マキアヴェリはこの卑劣さを含めて、自分の危なっかしい政策を正当化し、釈明しただけである。自然主義の基準の妥当性に迫ることでこそ、真正な自然主義は自由思想の大地に、いかにしっかりと根を下ろしているのかが明らかになる。人間的事象の圏外で、あるがままに振る舞う自然の「法」を、いったい誰が定めたいというのだろうか？

自然主義的倫理学の基盤で事実的事象と妥当的事象が接近することは、この倫理学の発展に対して、まさにわれわれの問題関連にとくに密接に関係するような影響を及ぼす。それというのも、こうした状況こそは、自然主義的倫理学が自らの領域で手中にする特別な地位を最終的に身体的な権力行使に与えるからである。この倫理学は強者の法を主張するが、そもそも「強者」を必ずしも身体的に優れた者と理解する必要はない。「強さ」の概念を広く捉えれば、「強さ」の概念は身体的とは見なされない、あらゆる種類の能力を含んでいる。身体的な強靭さとはいかなる関わりもない人間的諸能力も少なくはないし、やはりまた、次のような視点で捉えられる人間的諸能力もある。すなわち、人間的諸能力はもともと身体的に強靭な者を、同じように強さを求める他者よりも優遇するのか否か、また生まれつき身体的な強靭さをもつ者を、強さを求める者と比べて「強者」として特別扱いするのか否か、という視点である。ニーチェの情熱的な努力は、人間に特有なあらゆる活動の総体をその活動の背後にある「力への意志」に還元するのだが、この努力はたしかに、そのような考察の視点に立ってこそ、可能となったのである。だが、ニーチェの努力を見れば、人間の能力の諸形態は、そうした考察の視点ではどうしても釣り合いの取れないことがわかる。人間の諸能力の形態には、才能の要素、克己心の要素、および他者より優れた要素がその意味内容に付加される形態がある。こうした評価の仕方にはたしかに可能性があるが、しかしそのような評価の仕方では核心を突くことができない別種の能力の諸形態もある。結局のところ、評価の仕方によって、能力の形態の意味はまったく取り違えられてしまう。それというのも、克己する意志がそうした能力の意味では、考えられていないからである。だが、身体的な権力行使が能力の達成に決定的に関わっている諸能力は、序列の最高位を占めるにちがいない。それというのも、このような諸能力に特有なことは、その諸能力が克己する意志を中核に据えるだけではなく、この意志の貫徹者の優位性を普通ではできないほどはっきりとさせるからである。多様な個別的能力の序列関係が究明されるべきならば、多数の異質な能力の分野で重要なのは、序列化される諸能力を比較し、相互評価する検証的な判断に耳を傾けなければならないことである。だが、この比較の結果は、異なった評価を許さないほど説得力があるというわけではない。そうした諸能力は相互比較し合う諸力の闘いとしてだけ可能であるが、この諸能力の序列が重要であるならば、あるいはその諸力の闘いが身体的暴力に最終的決断を負わせる類いのものであるならば、比較判断は不要であり、さらにいかなる疑問も生じなくなるのである。それというのも、事実というものはすでに自ら判断を下しており、この判断はいかなる反論も封じ込めるほど、明確だからである。このことから、自然主義的倫理学は諸能力の闘いが、しかも身体的諸力による決定的な闘いが主導権を握る領域に、いったい、なぜそれほど強く魅了されるのかという理由が明らかになる。自然主義的倫理学がその主要概念、つまり「自然」という概念にもっとも忠実であるのは、次のような場合である。自然主義的倫理学が自然の概念で考える妥当的事象、つまりその倫理学が自然の「概念」に含める価値基準を事実的事象の領域に首尾良く近づけることができ、価値と事実の違いが最小限になる場合なのである。このことは、評価されるべき事象の価値について、反論の余地なく妥当だと判断する事実そのものが存在する場合には、まさしくそのとおりなのである。だが、この事実と価値を接近させる要請は、身体的諸力が直接に出会って互いに競い合うなら、どこにおいても、きわめて完全な形で実現される。こうして、「強者の法」は実際、きわめて明確な裏付を得るし、実際に自然自体も価値の基準として機能するように思われる。

したがって、自然主義は事実的事象と妥当的事象が同一であるなどとは、考えてもいない。自然主義は妥当的事象の価値が事実的事象に由来すると主張するつもりもない。妥当的事象は「それ自体によって」妥当する。これははっきりとしている。だが、妥当的事象が事実的事象ときわめて密接に結びつけられるのは、妥当的事象を確実に明らかにする機能が事実的事象にあることによる。このことで、自然主義には課題が与えられるが、比較判断によってその課題を解決しようとしても、結果は相当に疑わしいものとなる。

　ところで、権力が実際に生じるあらゆる形態において、いま考察した妥当的事象と事実的事象の結びつきに基づき、権力を妥当的事象の告知者として聖化しようとしても、これは当然ながら自然主義の手に負えることではない。このような権力評価のいかなる可能性も排除する権力の適用例は、有り余るほどである。権力はたびたび法的な重罪で訴追されるが、ある範囲の者にも嫌疑をかけるはずである。この者は、当然の序列決定を行うきわめて重要な権力機関の崇拝をやめないような者である。このことから、いとも簡単に明らかになるのだが、自然主義がその一般的命題を現実の経験において検証する場合には、自然主義は権力の裁定・決断機能を、しかるべき事柄でかつまた大がかりに観察できる生の諸領域が現れるのを待ち望んでいるのである。こうして、自然主義の眼差しはまさしく国家の領域に向けられることになる。それというのも、国家の領域は、一面では「強者の法」を決定的に裏付ける権力の権能を大規模に可視化し、他面では権力を支援することが利点となり、栄誉となる利害関係のために権力を要求するからである。価値高き人間存在をひとつの強固な国家集団に統合し、人間存在の諸力を内に向けては生産的な活動へと発展させ、外に向けては攻撃力と防衛力へと駆り立てることが重要であるならば、あらゆることに強力に関与する権力は運命をつくり出す高度な力にまで達し、歴史的使命の声望によって美化される。自然主義の言葉でいえば、諸民族と諸国家が生成し、消滅するところでも、「自然」が最後の決定権をもつということなのだ。この場合にも「強者の法」は情勢が揺れ動いたとしても、勝利を収めるからである。

　自然主義の倫理学が、多少とも都合のよい観察素材を準備できる第二の場など、人間の生活にはありえない。したがって、自然主義の倫理学が、歴史の情報記録の証人と証言によって歴史の世界を探求する場合に、人知を越えた自然のそばに立ちどまっていたい思うのは、何の不思議もない。自然こそ、スケールの大きな政治的な権力者として構築と破壊の運命を左右してきたからである。ニーチェの称賛すべき眼差しが、この「一千年の最大の出来事」であるナポレオンの出現にくり返し注がれるのは、理由のないことではない。自然主義は、それほど強引なわけでもない諸活動や行動によって、人間の記憶に刻み込まれた歴史の諸形態にほとんどこだわりつづけようとはしない。このことは十分に納得できることである。このようなわけで、ニーチェと同じような努力が示すように、そうした努力の歴史的な影響力のなかにも「強者の法」の勝利を見て取るためには、まさしく大胆な技巧的解釈に専心しなければならないのである。

3. 政治権力と倫理学的自然主義

自然主義の倫理学が、その広範に及ぶ帰結と要求を純粋な観念の天空で展開して、それで満足するだけの理論、自らが論じる生活実践に刺激を与える気概もないような、ただそれだけの理論であるとすれば、われわれはそれほど長く自然主義の倫理学に関わり合う必要はなかった。だが、われわれは、実情がそれとは真逆であることを知っている。やはり、より重要なことはこうである。生活は以前から、この倫理学理論を受け入れる傾向にあったが、それが目立ちすぎた結果、疑念が湧き上がってきた。この学説の根源は自らの後ろ盾だけをつくり出そうとする、非理論的な、理論を越えた運動のなかに探られねばならないのではないか、という疑念である。

いずれにせよ、理論としての自然主義と実践としての自然主義は深く根ざした同質性によって軌を一にするが、それは自然主義的倫理学に最初の、かつまた影響力のある強い支持が寄せられた歴史的発展の段階で、すでに看取されることである。それはギリシアの詭弁法に端を発する。この詭弁法のまぎれもなく影響力に富んだ代表者たちが、倫理的基準は「自然」――われわれはこの規準が「固有の妥当性」とほぼ同義であることを思い起こすが――を拠りどころとするのではなく、任意の「命題の設定」に依拠することを強く支持したときに、その代表者たちには、はっきりとした思惑があった。それは「強者」が伝統的な倫理の見捨てられた諸規則を気にすることなく、また「強者」がその「自然本性的」な優位さを何気なく発揮できるように、勇気づけることであった。政治的実践がこうした権能を好んで利用することは、倫理を放棄する闘いを論じたプラトンの対話篇の教えるところである。プラトンの『ゴルギアス』と『国家』の第一巻は、この真に古典的な論争のドキュメントである。一方、トゥキュディデス[訳注15]が、ペロポネソス戦争[訳注16]の経過において生じた政治倫理の野蛮な崩壊を、魂の精通者の鋭い洞察力をもって診断した記録もまた、同じような内容を明らかにしている。トゥキュディデスは対立的な行動をきわめて原理的に明らかにしただけではなく、その行動を魂の根源に立ち返って追求し遂げたが、それはギリシア精神の発見者の勇気の証である。

　ギリシア的生活の狭い舞台上にはじめて登場した出来事が、拡大しつづける近代国民国家のさまざまな発展段階で、標準的な心情的態度および行動として頻繁に見られるようになった。現代の国民生活の世界的規模での、いかがわしいものの考え方は、その最終的な結論へ突き進んできた。自然主義的理論が政治家に与える道徳的な後ろ盾は、政治家の自然主義にとって、どれほどの意味があるのか。このことが、今日の世界史的な瞬間の証人であり、犠牲者でもあるわれわれに明瞭になるのは、次のことによる。すなわち、政治家の自然主義と自然主義による道徳的支援の結合を、世界に激震を与える影響力にとどまらず、世界破滅的な影響力に高め、展開させることをゆだねられた人物とその仕事によるのである。われわれがこうした世界史的な事例に立脚できるのは、アドルフ・ヒトラーが権力掌握以前に、自らの行動の中心思想をある状態で、すなわち自分の政治的実践の最近の決定的衝動をもっとも深く認識できる形で吐露した、都合のよい事情による。ここにこそ、自然主義的倫理学の諸原理がきわめて過激に展開されて、いまやわれわれに対峙している。政治から「狂気のイデオローグたち」[原注1]の漠然とした空想を一掃することが重要である場合にはつねに、自然界との比較が、しかも生物界も無生物界も含めた比較が重要な役割を果たすのだが、このことはたしかに啓発的ではある。そのさい、永遠の闘争の必然性がガチョウに対する狐のきわめて「残酷な」行動で、ネズミに対する猫のもっとも「残酷な」行動で描かれるならば[原注2]、このような事例には、先に述べたような異議が、すなわち「人間」という「種」内の闘争を異なった種の間で起きる闘争と比較すべきではない、という異議が出される。たしかに、雌を求める雄の闘争の姿はわれわれをかなり魅了する[原注3]。ところが、無機質な事象の世界から取り出されたことでの比較は、ヒトラーの主たる考え方の深部に入り込んで、耀いている。自然にはいかなる秩序が必要かということを、われわれは「恒星の周りを惑星が回り、惑星の周りを衛星が回る」[原注4]力の作用から学ぶべきであるという。ヒトラーは、この原理的な自然現象のなかに、すべての現実に適用できる有効な法則があると思っている。「いつも力だけが弱者を支配し、そうして弱者を無理矢理に従順なしもべとし、弱者を打ちのめす」[訳注17]というならば、この「自然法則」を人間世界に拡大することは、何の造作もないことである。このように考えることで、機械的な諸力の整然とした働きから人間の相対立する欲求の衝突状態へ滑らかに移行することができる。さまざまなイメージや比較を度外視していえば、目標の明確な、自信に満ちた行為の根拠は、ヒトラーによれば、自然法則的な世界では「人間に特別な法則は通用しない」[原注5]という確信にある。「自然の鉄則の認識と容赦ないその適用」[原注6]だけが成果を収めるというわけである。ヒトラーにとって自然の鉄則は、「それ自身によって」妥当する事象に適しているだけの徹底的な厳粛さを備えている。ヒトラーはこのことを次のように述べている。自然の鉄則を「自然の鉄の論理」[原注7]に還元し、自然の鉄則を「究極の知恵の永遠の原理」[原注8]として賛美し、しかも自然の鉄則のなかに「強者に場所を与えるために、弱者を滅ぼす」ような「自然のヒューマニティ（!）」[原注9]を発見するのだと。人間が人間の「ヒューマニティ」としてつくり上げる物語は、宇宙的なヒューマニティを目の当たりにして萎縮し、「愚かさと臆病と思い上がった知ったかぶりの混淆物」[原注10]になってしまう。たとえ、この自然の法則に従って、強者として登り詰める者がときには「よりよい者」と同じように見なされようとも[原注11]、政治にすっかり順応した倫理学にとって自明なことは、強者の「よりよく」あることの最終的検証として、物理的諸力の闘いにおける勝利をやはり賞賛することだけである。「永遠の闘争において人類は成長したが、永遠の平和において人類は破滅する」[原注12]。

政治的実践が倫理学的自然主義と無理なく一体化し、また簡単に協力し合う原因の理解は、難しいことではない。政治的実践は倫理学的自然主義よりも有用で、つき合いやすい、いかなる盟友も欲しがらないであろう。しかも奇妙なことに、盟友としての倫理学的自然主義の利用価値は、倫理学的自然主義を理論的批判に照らして、欠点のあるものと思わせることである。矛盾する事象を併せもつことが倫理学的自然主義の弱点であるならば、その倫理学的自然主義を自らのために利用する政治的実践の矛盾こそ、もっとも都合のよいことなのである。それというのも、倫理学的自然主義はこの政治的実践の矛盾によって、さらに多様に利用できるようになるからである。倫理学的自然主義は「自然」について語り、そのさい自由をつねに前提にするが、このことこそが倫理学的自然主義があれこれの意味で、証人としての喚問に適しているのである。倫理学的自然主義は自由を前提とするがゆえに、自由において肯定される「それ自体によって」妥当する事象を確実なものにすることができる。この妥当的事象を根拠にすることは、われわれが先に述べたように、やはり権力の所有者たちを利することになる。「正しい」行為だけを行う者として自分自身と世界に向き合うことは、いかなることがあっても歓迎すべきことである。ところが困ったことに、その道徳的な後ろ盾はたいていの場合、制約によって得られるのである。この制約とは、「それ自体によって」妥当する事象が倫理的要請として現れ、独断的な意志を封じ込めることである。倫理的良心はいずれにせよ、この独断的な意志の抑制を、いわんや事情によっては、この意志の自己否定を要求する。自分の判断を躊躇なく下したい人は、限界を自ら見きわめなければならない。このような煩わしさの背景には、自然主義の実用的効用の本質が見事に現れている。自然主義はその二面性、二重底によって、行為者に「それ自体によって」妥当する事象の調停を保証し、そのさいに望ましくない一切の付随的な義務を行為者に免除することができる。なぜなら理想的に要求された事柄の価値と「自然」、すなわち現実に起きている出来事の事実とが、行為者によって結びつけられることで、この二つの間の衝突は決して起きないからである。たしかに、自然主義の「それ自体によって」妥当する事象も、否定をわきまえている。だが、この否定は弱々しくあきらめる、意志の行為を避けることだけには役に立つが、機を見て敏なる強い意志の行為には通用しない。実際に自らの意志を貫くことは、意志を貫く能力が事実上あったことを、たしかに証明したことになる。倫理的良心を権力行為に対置できると考えるような、あらゆる抗議はこうした証明によって、あらかじめ押さえ込まれている。政治的実践が大喜びでこの抗議の抑圧を認めることは、明らかである。政治的実践は、「成果を上げよ、それでいい！」というメッセージをどれほど喜んで聞くことか。このようなメッセージは、政治的実践にそれが望むすべてのことを与え、そうして政治的実践にとって重荷になる一切のことを免除する。このメッセージは、妥当的な事象を政治的実践に仲介するが、そのさい、妥当的な事象が課す制約を取り払う。このメッセージはまた、政治的実践に束縛のない行為を認めるが、そのさいに、行為によって生じるかもしれない良心の呵責を無視するのである。

自然主義が事実の成果をその事実の正しさの基準とすることで、自然主義は別の観点から見れば、自らの考え方とはかけ離れた考え方、すなわちヘーゲルの歴史哲学に典型的に示されている「理想主義的」世界観の類型と符合する。この点についても述べておかねばならない。ヘーゲルは歴史的行為の「正しさ」を問うさいに、道徳的判断の権限を疑ってかかったが、かれはこの正しさへの問いには唯一の答えしかない、しかもいかなる議論の余地もない答えしかないと確信している。その答えは、そのたびごとに問題となる行為を断行して、勝利を勝ち取ることで得られるのである。世界史のなかに働く理性は、行為者たちの心のなかで沸き立つ情熱を動員することによって、理性の自己実現の過程を率直に要求する事柄を間違いなく安全に、つねに実現させる。それゆえに、行為者が勝ち取る勝利はいつも、世界精神が次なる一歩を踏み出すために、その勝利をちょうどそのときに必要としていたことの証明なのである。したがって、世界精神の成果には、ある行為に与えられる考えつく限りの最高の承認が含まれていることになる。

　自然主義的思考が政治的な行為者の心情に馴染むことで、それは発展の完成を手助けする。ここでいう発展とは、自然主義的思考の助けを借りずとも自分の進路を歩めるのかも知れないが、しかし自然主義的思考の介入によっていちじるしく加速され、かつ自らの最終的結論へと駆り立てられる、そのような発展である。われわれには周知のことであるが、自己貫徹にこだわる意志は、権力行使のために政治からいろいろな動機を借用して、その動機をとにかく利用したがり、そうやって自分自身を甘やかす態度をもっともらしい理屈で正当化する。そのさい、この意志にとっては、あらゆる形で、おまけにその意志が個別の事例の基礎づけを必要としないような一般性で自分を祝福してくれる、そのような理論の支援の申し出はどれほど都合のよいものか！それというのも、このような理論によって、権力行使のためのいかなる制約もない、まさしく拘束のない白紙委任状が自己貫徹に執着する意志にゆだねられるからである。その意志が権力に発言権を与えるときにはいつでも、こうした全権能に拠りどころを求める。その意志は権力を聖人の列に加える威厳に高める包括的な生の眺望をもっている。こうして、権力への意志が息苦しく感じるかもしれない最終的な懸念は払拭される。したがって、意志が行動を起こすさいには、意志は当然ながら世界理性の代理人であると感じるのである。

われわれが倫理学的自然主義を、その政治的形態と政治的影響力にまで立ち入って追究するならば、われわれは倫理学的自然主義のなかに顕著な事例があることに、つまり倫理学的自然主義自身が何としても知りたくないような最大の特徴があることに、気づくはずである。その特徴とは、自由が権力行使の可能性について決断を下さなければならない、まさにそのような場合にこそ、自由が巻き込まれてしまう二面性である。それというのも、倫理学的自然主義は疑いなく、自己欺瞞のなかでも、きわめて誘惑に満ちた欺瞞であり、利己的な意志が倫理的良心の抗議を拒むために支援を求める欺瞞だからである。この自己欺瞞を効果的に押さえ込むことができるとすれば、それは次のような理論によるしかないであろう。すなわち、その理論とは、妥当的な事象それ自体の要求を聞き流したり、また人間の情熱にだけ従順であることを人間に決して説くのではなく、情熱の従順さによってこそ、妥当的な事象それ自体を充足するという信念を人間に抱かせる理論である。かくて、われわれは先に述べた疑念が全面的に裏付けられたと思う。自然主義は、純粋な理論の土壌で成長して、そののちはじめて実際の生活の原動力と結びついたような学説ではない。自然主義は人間全体のひとつの立場であり、これは実生活の営みと生活の理論的評価のさいに、自分自身を探求し、そうしてこの二つの相互促進によってはじめて完全に出現する立場である。そうして、この立場の出現を大規模な諸形式で劇的に実現するのが、国家的世界である。

ところが、自然主義によって生じる権力の神聖化は、それに同意する心情の倫理的状態がいかなるものか、という疑念にさらされるだけではない。権力の神聖化の破壊的な影響力は、心情的領域をはるかに越えている。思い出して見れば、権力のもっとも本質的な正当化のひとつは、権力だけが人間のきわめて豊かな精神的創造の発展を左右する諸条件を実現できることに求められる。われわれが、そうした正当化の要求にこだわるならば、権力がある状況で正当に適用されたのか否かについての唯一の基準を、権力が有効に行使された事例のなかに見つけようとする学説はまったく貧弱で、それどころか空虚であることがわかる。たとえ、このような学説がきわめて粗雑で浅薄きわまりないひとつの価値基準のために、その他一切の価値基準を無効にするほど酷くはないとしても、この学説がその出発点の帰結として避けられないのは、とにかく決定的なひとつの価値基準の背後に、あらゆる価値基準を押し込め、それを二次的なものにしてしまう事態である。いいかえれば、精神のあらゆる活動様式は最高の目的に対する手段、すなわち無敵の権力貫徹の目的に対する手段の位置に追いやられてしまう。その手段価値は権力の勝利に役立つのか否か、どの程度役立つのかによって評価されるし、その手段の実践的運用は一定の方向をよぎなくされる。権力はいつでもその手段を運用できる。権力はこの一定の方向を保つことで、自らの支援を最大限に期待するのである。しかし、そのように判断し、そのようなやり方をすることは、精神の発展に余裕を与えず、その発展を支援もせず、精神そのものを疎外し、萎縮させるのである。なぜなら、精神の根本的な諸活動のなかには、次のような活動がそれなりに存在するからである。それは、精神の活動自体を越える目的のための手段として評価され、利用されることに、決して耐えられない精神の活動、またその精神の活動が国家権力の補助に役立つ場合は、間違いなく衰弱する活動である。そうして、その精神の活動は決して非本質な活動などではない。この自己価値的な精神的諸力が国家権力に貢献するさいには、どのような状態にあるのだろうか。それを教えてくれるのは、倫理が権力の干渉下で甘受する運命である。倫理は一切のことを裁定するように、国家的行為も裁定しなければならないが、倫理は自らの任務をひどく歪められ、権力の好みに合う形で利用されるにちがいない。こうして、権力のきわめて恥ずべき干渉にも、見せかけの正義が与えられるのである。このように倫理を支配することで、最高に純粋な真理の意志の発露に他ならぬものとして正当な意味のある事柄が、たちの悪い嘘へと歪められてしまう。

手段におとしめられた倫理の事例から明らかになるのは、こういうことである。すなわち、支配的権力が自らを頂点に据え、そうしてその他すべてがその権力に仕える義務を負う序列を宣言し、それを実行するならば、支配的権力は自らに服従する集団にその内部荒廃の宿命を負わせることになる。そのような宿命を負うなら、上部から命令されて、うわべだけを取りつくろった、いかなる勤勉さをもってしても、何事もまったく改善しない。それどころか、見かけは幸福そうな繁栄は見られるかもしれないが、それは荒涼とした現実の状態が隠蔽され、そうして現実を改善せんとする機運がますます阻止される被害を必ずやともなうことになる。規範というものが、結局は物理的な執行力の基準である定量的にすぎない方法で、発展した共同生活の質的なあらゆる豊かさを支配しようとすれば、起きるべくして、何かが起きるのである。粗暴な権力が勢力を振えば、精神は空しく存在しつづけるしかないのだ。

第5章　国家権力の倫理的制御

1．歴史の証言

自然主義的倫理学は、「自由の二面性」という根本的な事態によって挫折する。われわれはこのことを、二つの区別しやすい観点で理解した。第一の観点で、自然主義的倫理学に対して証明されたことは、こうである。この倫理学は、自然概念の規準化によって排除した根本的な事態を、自由の二面性の肯定と否定をもち出すことで再び自らのなかに取り込んでしまうのである。第二の観点で、自然主義的倫理学は生活から生じて、生活へ影響を及ぼす精神の創作物として吟味されたが、自らがまったく知りたくもない自由の二面性のまぎれもない結果と表現であることが明らかとなった。自然主義的倫理学の自由の二面性という対型から読み取られるのは、この倫理学理論がもっとも基礎的な意味でも自らの対象に対処できるためには、いかなる条件が満たされなければならないのか、ということである。この倫理学理論は、その基礎づけのために、一方で二面性という事情を無条件で承認しなければならない。他方で、この倫理学理論は、その理論的な一貫性ではなく、生活の関連で果たす機能について問われ、かつ評価される場合にも、検証に耐えなければならない。それというのも、この倫理学自体も思索しつつ、世間に対処する自由から生まれてきたがゆえに、自らが論じる二面性の特徴をもつことを忘れてはならないからである。

この一切のことは、本書でなされた倫理学的熟慮についても当然当てはまる。この倫理学的熟慮が先の第一の観点で、いかなる反論のきっかけにもならないことは明らかである。なぜなら、倫理学的思索は、肯定的にまたは否定的に考えるさいに、あるいは要求的にまたは拒否的に考えるさいに、自由の二面性をつねに前提とすることで、同時に自由の二面性の暴露を自らのもっとも本質的な課題と見なすからである。しかし、生活の関連において、こうした考え方に認められるべき意義を問うなら、その考え方への賛同に戸惑いを覚えることはほとんどないであろう。ただそれは、この考え方が釈明する生活の多様な絡み合いに、恐れることなく向き合うことをいったん決心した場合に限られるのである。生活の諸々の絡み合いが、偏見なく考察されねばならないような多くの外的かつ内的な破滅をはらんでいるならば、この危険の根源に隠れている事態を熟知し、そこから意志の防御態勢が生じることは、ささやかな抵抗なのである。こうした抵抗によってこそ、人間は緊迫の度を増す自己破滅の脅威的な宿命に対処できる。この脅威的な宿命を煽るために、自然主義的教条がたきつける誘惑が強くなればなるほど、ますます喫緊に要請されるのは、安心しきっていた良心が警戒心を呼び覚まされ、そうして腐敗の蔓延が厳しく明らかにされることである。この良心の覚醒によってこそ、自由は、自らのなかに潜む脅威を自ら食いとめることができる。

こうした熟慮は、当然ながら最初は、自明なことではなかった。むしろ、そのような熟慮は、勝利を収めた権力がその勝利から最終的結論を首尾良く引き出したときに、歴史の全過程にわたって何度も明らかとなったのである。まさしくこのことによって、倫理的抵抗力の生活上の意義に関する歴史の証言を手に入れる可能性が、われわれに与えられる。もっとも、自然主義はこの歴史から「強者の法」という単調な旋律しか聞き取ろうとしないのだが。偏見にとらわれない歴史がわれわれに語ることは、端的にいえば、以下のことである。

第一に、自然主義はいろいろな事実でもって「強者の法」が証明されたと思っているが、この諸事実の外見上の規模と本質的な意義に対しては、真剣に反論がなされていないのである。

歴史がたいていの場合に衝撃的な悲劇であるのは、まさしく次のことによる。歴史が非暴力的活動を行う諸力に何度も無能力の烙印を押している間に、歴史は人間の人間に対する権力行使に活動の場と刺激を与えるだけでなく、権力に決断の機会を頻繁に忍び込ませるからである。歴史は多数の著名な歴史家たちが主張したように、実際のところ本質的には国家の歴史である。歴史の顕著な出来事を概観して見れば、歴史は組織化された権力行使の歴史であり、戦争と反乱、略奪と荒廃、地租と夫役、病と死の歴史である。

第二に、歴史が権力を目のくらむような全能の高所にもち上げているところでは、あまねく歴史は不気味な荒廃も白日の下にさらす。権力はこの荒廃を、さまざまな外的影響圏においてだけではなく、権力の所有者と受益者の内面においても引き起こすのである。「強者の法」を絶対視した人びとの行動や行為について、歴史が伝えなければならないのは、「強者の法」に対する敬意の念を煽り立てることではない。

第三に、歴史の教えは、自己顕示欲と貪欲によって何千回となく罪を犯す権力の実態とともに、使い方によっては大いに繁栄をもたらす穏健で分別のある権力が存在するということである。歴史がわれわれに伝えるのは、道義が権力の手厚い庇護を受けて飼い慣らされ、諸勢力が張り合い、その権能が最高の位置に達する、そのような権力、また精神が自分を虐げる者を恐れず、自分の先導者に敬意を払うような権力についてである。

最後、第四に、歴史の教訓はこうである。権力が何度もくり返し、かくも自らを律していたならば、また権力以上のものに貢献できていたならば、それはつねに、倫理的良心が権力に酔いしれる悪魔のような誘惑に対して示す抵抗力によるものであった。権力の二面性を知り、そうして権力の誘惑に対して警戒心を抱いていた人びとだけが、権力のいかがわしい協力者から苦心のすえに恵みの成果を勝ち取ったのである。そのような人びとは努力の結果、さまざまな知見、伝統、教訓による――これらは彼岸に向けられた信仰あるいは現世にこだわる意識から生まれたのだが――最高の支援を受けたのである。これらは猥雑で貪欲な人間の心の自己危険化に注意を促し、そうして誘惑の力に対する抵抗を呼びかける。この抵抗力は権力とは異なり、諸事実の直接的証言をもって自己証明ができないがゆえに、この抵抗力には歴史的な重要性がないというならば、それはいいわけのできない誤りであろう。この抵抗力は権力を、その権力自体がもつ魔力から懸命に守ろうとしたがゆえに、権力そのものを行使できず、直接的証言の内なる重みによる穏やかな説得力に頼らざるをえないのである。このことは、まさにことの本質に根ざしている。「強者の法」を盾に取る者は、支配権力の裁定には誤りがないと確信しているので、抵抗力は支配権力の裁定に訴えることができないのである。その結果は当然、このようになる。すなわち、歴史がわれわれに突きつける表面上の出来事の光景を見れば、内面的に変化する事象が人目につかず、ひっそりとしている隙に、権力と結託した諸勢力がまるで基本路線を決定するかのごとくである。だが、内面的な諸力は決して事態の経過に無関心なわけではない。それどころか、内面的な諸力が多くの場で、大小を問わずに、表面的にはさほど目立たない働きをしていなかったならば、また内面的な諸力が怠惰な心を、すなわち軽々しく説き伏せられたり、冷酷になったり、穏やかになったりする心を根気よく払拭していなかったならば、またさらにこの内面的な諸力が権力の決断に対して良心による異議申し立てをくり返していなかったならば、自分自身を恐ろしいほど冒涜する人間は流血に泣き叫び、もうとっくに窒息死していたのではないだろうか！この抵抗力の意義を証明するのは、次のような経験である。すなわち、良心の警戒・警告する声自体が、根本的には権力側に与していた人びとにおいても、必ずしも聞き流されるわけではなく、またつねに聞き逃されることもないという経験である。権力側に立っていた人びとの行動様式とその行動の根拠において注目すべき点は、そうした人びとがやはり再三にわたって、たとえ自分の体面を保つことだけが重要であるとしても、倫理的理性の判断をある程度は許容せざるをえないと考えていることである。かれらにおいては、内面的衝動の激しさと倫理的信条の配慮の狭間で妥協の成果が生まれ、倫理的信条の存在がまったく看過される事態にはならないのである。このことは、しばしば十分に看取できることである。

したがって、きわめて不完全な歴史像、それどころか、ひどく歪曲された歴史像があるだろうし、こうした歴史像においては、支配的諸勢力に対して決して消滅することのない抵抗勢力を見つけ出すことはできないであろう。歴史から、権力が結局、つねに勝利した状況しか引き出そうとしないなら、歴史の種々の教訓を根本的に見逃すことになるかもしれない。そのような歴史の評価しかできない者が忘れていることは、実際にはつねに最後の決定権をもつ権力の諸行為の背後にきわめて多様な動機があり、この動機によって意志は権力行使のさいに、そのつど左右されてきたという事情である。この多様な動機のなかには、権力を制御する意志がはっきりと刻み込まれた動機もあり、また権力には人間と国民との間の唯一の仲裁者を敬愛するような、別の動機も存在するのである。

2. 現代の危機

貧弱で、気の滅入るような道徳を歴史から排除すべきだと思っている者は、過去の歴史、すなわち既成の歴史像から倫理的良心の抵抗力を抹殺することで、過去の歴史像を改ざんするだけではない。かれはまた現代、すなわち生成中の歴史のそれ相応の縮退をめざしているのである。これは、過去が保存されている記憶像の改ざんよりも、さらに深刻なことである。それというのも、昔から何度も歴史の道筋を示してきたのは、権力と歴史の暴力だという信念が勝利する限りは、生き生きとした現代が権力の独占化を阻止せんとするあらゆる試みも、いわゆる「事実の言葉」によって息の根をとめられ、その結果、まぎれもない権力の凱旋行進が歴史的経験の名において歓迎されるのである。このことの意味は、事実上過去の歴史に決して欠けていたわけではなかった諸力が、既成の歴史の歪曲によって、生成中の歴史から強奪されるということである。こうして、現代は誤解された歴史的過去の犠牲になってしまう。「歴史主義」の影響力には、多くの苦情が寄せられたが、いかがわしさという点で、これ以上のものはない。生き生きとした現代の推進力が、曲解された歴史的過去や時代に耐えられない歴史的省察によって停滞することなど、まったくありえない。それというのも、自然主義の情報は、曲解された歴史に基づいて、考えもつかないような根拠を得るからである。そうして、この歴史の補強は、自然主義が発展の自己破滅的な傾向を助長する、そのような諸作用にただちに役立つことになる。

時代のもっとも気がかりな諸現象のひとつは、自然主義的に解釈された歴史と歴史的に基礎づけられた自然主義との結びつきが、息もつかせぬほど破壊力を昂進させる世界史的時点で、広く影響を及ぼし始めていることである。今日の時点で、この破壊力と唯一バランスを取ることのできる諸勢力を無力にするあらゆる出来事は、絶滅の規模の拡大と絶滅の加速を助長する。批判することに及び腰の人びともまた、政治は道徳とまったく何の関わりもないという当世流の理論を、当然のこととして軽率に受け売りする。透徹した眼差の人は、深刻な不安を抱くだけでも、こうした事態に気づくのである。二つの同じように厄介な展開、つまり外的な展開と内的な展開は、この場合、名状しがたい重大な最終的結果をもたらす。政治的決断を促される意志をいかなる倫理的責任からも解放し、そうしてその意志に外的な結果に他ならない保証を結局は求める考え方は、まさに今日の世界史的時点で、いかにして支配の座につくのだろうか。われわれはこのことを身をもって知るにちがいない。今日の世界史的時点では、諸国家がかつてありえなかったほど規模を拡大しただけではなく、技能の達人にもなったのである。つまり、手持ちの総兵力を抜かりなく完全に統括し、その行動を確実に統制できる部隊に編成し、とてつもない破壊兵器で武装し、この殺人兵器にふさわしい魂を与える憎悪の念に火をつける技能の達人になったのである。国家的に組織された人間の正当な利害関心のなかにあったと思われる事態とは真逆の事態が、まさしく時の経過とともに生じたのである。迫りくる外的かつ内的な危険に対する鋭い感受性が、状況の脅威の増大に応じて、何とかして高まってくれていたならばよかったのだが、そうはならなかった。その代わりに、事態の展開はこうなった。すなわち、抑制しがたい権力の喜びへの意志は外側に向かって突き進むさいに、柵の周りに柵があることにすでに気づいていたのだが、その意志は内的な展開においても、ある種の理論の言葉で励まされたのである。その理論は、受け継がれてきた疑念の残滓を意志から取り除き、そうして無頓着な自己肯定の権利をあらゆる形で意志に与えたのである。この二重の解放が進むことで、人間からあらゆる限界意識が失われたことは、驚くべきことなのだろうか？

外的な展開の経過と内的な展開の経過との対応関係に気づくには、人間の意志の外的な制約と内的な制約にいたった精神的転換・変化のあったことが推測されなければならない。この点でとくに重要なことは、自然の概念があれこれの面で支配的な諸力の方向を示すということである。ここで「自然」とは諸現実の総体として一面では理解され、他面では人間が自らの内面に向き合う、自らの活力の源泉および復元力として捉えられる諸現実の総体である。この総体において、人間の外側に向けられた思考と意欲は自らのテーマと目標を見つけ出すのである。この諸現実の二面の統一がいったん認められたならば、次のような事態がきわめて簡単に現れてくる。すなわち、外的な事象はその解釈と措置について何度も確認された諸形態を含んで、内的な事象よりも、すなわち内的な事象の固有性と固有な要求よりも何としても優先され、そうして自らの諸形態に順応しようとしない、あらゆる内的な事象に沈黙を強いることになる。このようにして、内的な事象の究極的な関心事に強力に対抗する立法は、この内的な事象を支配するだけではなく、内的な事象自体を立法のきわめて雄弁な代弁者および先駆者と見なすのである。こうして内的な事象は自己崩壊し、それに続いて外的な事象の自己崩壊がすぐさま起きるとしても、それには何の不思議もない。

3. 倫理的規範と具体的状況

だが今日、権力の倫理的抑制が以前にもまして必要になっているならば、その抑制を行う規範とは、いったいどのようなものなのか？

権力というものを規範化する二つの特徴的な形式があるが、その特徴はきわめて明瞭である。権力の無条件の禁止と権力の無条件の要請である。非暴力の倫理学と自然主義の倫理学といってもよい。この二つの形式がその内容の点で決定的に対立するにつれて、その形式は表面的な特徴の点では、明らかに一致する。この特徴は確実な道しるべを切望する人の見るところ、二つの形式の利点をきわめて都合よく示している。すなわち、二つの形式は、対立を考えられる限り最小限に押さえ込むのである。たしかに、この二つの形式には対立が前提となっているが、それはこの二つの形式が自ら要求した行動と相対立する行動の可能性を想定する限りにおいてなのである。この前提に基づいてこそ、二つの形式にふさわしい命法の形式には、まさしく意味がある。一方で、この命法の形式はその前提を踏まえて、その命法の要求による行動をいったんは選んだ人を、あれこれの疑念から、その命法の内容によって解放する。それというのも、この二つの形式の内容は明快であり、ありとあらゆる場合に妥当し、そうしていかなる個別の事例においてもきわめて簡便に適用されるからなのだ。その形式の内容は「適用される」だけの規則である。それは実際に二つの「定言」命法であり、人間はこの「定言」命法に呼びかけられていると感じる。

権力行使を無条件に肯定も否定もしない倫理学理論の実体、すなわち権力の抑制を要請するが、権力を排除しない倫理学理論の実体はまったく異なっており、また本質的にいっそう複雑である。この倫理学理論も多くの人びとに向き合う点では、当然ながらまずは対立を前提とするが、この倫理学理論は、人びとが倫理学の規範付与に賛同も、反対もできることを知っている。だが、この倫理学理論は、この理論にいったん根本的に賛同した人の行為を明確に決定づけるような内容をもつことができるのだろうか？この倫理学理論は、一度限りで妥当し、したがって個々の事例に「適用される」だけの規則を具体化できるのだろうか？その可能性のないことが、この倫理学の固有な宿命である。権力行使は「定言」命法によって、自らの明確な方向性を得たのだが、この倫理学はそうしたいかなる「定言」命法も知らない。その倫理学を無条件で受け入れた人にとっても、新たに生じる追究と問いの必要性はその倫理学によって軽減されず、むしろその必要性はそうした人の心になおいっそう重くのしかかってくる。こうした倫理学には、どこにおいても基準となる規則がその土台に実際に存在しないだけではなく、きわめて原理的な理由からも存在できないことがわかる。こうして、対立が最初の原則的な決断から、問題になる個別的決断にまで延々と拡がるのがわかる。そうして、人間の「自由」は、この対立の拡大によってはじめて全面的に、しかしまた恐るべき危険をはらんで明るみに出される。人間の自由がまだその危険な状態にまで陥っていないのは、なすべき事柄となすべきでない事柄について、人間がいかなる場合にも、信頼に足る指針を与えてくれるかもしれない規範を守ることができると信じて、生きているからである。こうした規範の統治によって、たしかに多くの苦難と良心の抑圧が人間から取り除かれるかもしれないが、しかし自由もまた、間違いなく「決定的に」制限されることになろう。つまり「決断すること」は、人間が最終決着をつけざるをえない事態に、結局は裁定を下すことであり、こうして人間はただひたすら自分自身に向き合うことになる。

倫理的要請は一般的命題の形態、すなわちその命題の諸々の適用「事例」を包括する一般的命題の形態を取ることが、なぜできないのか。このことは、本論ですでに論じられた。われわれは、秩序の成立と変化を論じたさいに、厄介な事情のあることを理解した。厄介な事情とは、人間、共同体、時代の潮流、状況——これらは権力を頼ることもあるが——の「個的な一回性」

である。この一回性は決して一般的規則と相容れないものである。一般的規則の拘束力を宣言することは、個性の事実を否定することと、まったく同じである。個別の事実を第一に尊重する倫理学の本質とは、このようなものである。つまり、それは権力の原理であろうと、非暴力の原理であろうと、唯一の原理に絶対的な支配力を認めず、むしろ生活が権力の原理と非暴力の原理の狭間にあることを理解し、この二つの原理の狭間での和解をくり返し追求することである。この倫理学は権力の原理と非暴力の原理をいわば未決の状態で保留することで、個性の絶対的基準の硬直化と窒息を防ぐのである。

実際のところ、個性が絶対的規準の統制に従うことはほとんどない。このことはわれわれの問題に立脚すれば、きわめてはっきりとしている。もちろん、倫理的に要請された事態に一般的規則の形式を与えることは可能である。一般的規則は、政治的意志が人間の生活に無理やり介入せんとする誘惑に駆られるときにはいつであれ、講じられるべき対策の倫理的範囲が一瞬たりとも忘れられることのないように、良心が最大限の感受性と警戒心をもつように、呼びかけられねばならないということである。こうした一般的規則の要求が十分に満たされるならば、たしかに、きわめて多くの共感が得られる。おそらく、多くの人はこのような確信から出発して、権力は「できるだけ少なく」、「緊急事態にだけ」適用されるべきであるという一般的な助言を聞けば、納得できるかもしれない。とはいえ、そのように考える人がこの一般的な助言にはじめて実際に従うさいには、次のことに注意しなければならないであろう。つまり、この助言は眼前の状況が果たして本当に「緊急事態」なのか否かを問う回答には、まったく役立たないということである。この問いは、こうしてまたしても振り出しに戻ってしまう。強権的な介入を緊急に問題としなければならない政治的諸状況は考えられないほど多様で、とてつもなく複雑で、どれほど見通しがたいことか。一般的な助言がこの政治的状況の迷宮を切り抜けられるかもしれないと考えて、キマイラ[訳注18]を認識するためには、そうした複雑な政治的諸状況をはっきりと思い浮かべて見ればよい。

簡単な事例で明らかになるが、具体的な政治的状況を扱うさいに、一般的規則に助言を求めることはできない、ということなのだ。決断か否かを迫られている人が、権力に対する、考えつく限りの大きな期待を込めた訴えの放棄を決心すると仮定しても、誰がその人に保証を与えてくれるのだろうか。つまり敵側が自らに有利なときに権力にますます発言力を与えて、決断の葛藤状態にある人の自制心を利用することなどないという、そうした保証を誰が与えてくれるのだろうか？実際にその保証が与えられるとすれば、倫理的賛同を確実に得るような政治的決断は事態の推移次第で、敏感に否定される。決断の葛藤状態にある人は、かくのごとくの政治的決断が、敵側から期待される事態を見誤って評価したことを証明したのであり、それゆえに、この政治的決断は倫理的判断にも同意できないのである。だが、いわゆる可能性という点では、いかなる場合にも権力をもち出す一般的規則も、同じように誤っているといえようし、倫理的にも厳しく非難されるであろう。ある勢力の明確な自制心が敵陣営の中庸の意志を優先する可能性が、その一般的規則によって、またもや不当に否定されるかもしれないからである。したがって、権力抑制の可能性も阻まれるかもしれない。権力を封じ込めるために躍起になる意志が、いざというときには、生々しい折衝を明確に認識する力と連携することこそ重要なのである。このどちらを欠いても、不利益しか生まれない。洞察力を欠く倫理的努力も、倫理性を欠く政治的意図も同じく道を間違えることになる。

　政治的な権力行使を問うさいに、どこにでも簡単に通用する規則を定めることができないならば、われわれが倫理的な生活領域の例外的現象に直面することは決してない。あらゆる真に人間的な存在と行為は、独自性をもつ個性と自己決定の自由という特徴をもっている。この自由によって、結局、あらゆる一般的規則は潰えてしまう。「定言」命法をもって倫理的生活を解決できると考えるいかなる倫理学も、この個人性と自由によって根底からくつがえされてしまうのである。

だが、権力行使の現象が特別視されるのは、あらゆる人間的なるものに備わっているある種の徴候、とりわけ人間的なるもののなかに潜む自己危険化が、権力行使の現象に比類のないほど鋭く現れてくることによる。政治が内においても、あるいは外に向けても権力を行使する場合には、事実上、あらゆる事が作用し合って、この権力行使の過程を典型的に簡便化する。決断を迫る状況はきわめて複雑であるが、それは多数の要因が考慮され、また諸領域の事情が斟酌されるからであり、目標となる成果や予期される反動が不透明だからである。決断にかかる責任は、その決断の結果として生じる行動が恐るべき深刻な、またきわめて広範な影響を必ずもたらすがゆえに、とてつもなく重いものである。客観的に誤った決断を下す危険がとくに大きくなるのは、決断の主導権を握る情熱が、分別を欠く、夢のような願望の迷妄にほとんど抗うことがないからなのだ。倫理的に誤った決断を下す危険は、倫理的に非難された事象が倫理的に許された事象と、それどころか倫理的に要求された事象と、いとも簡単にすり替えられるがゆえに、起きるべくして起きるのである。行為する人の思考や心情を攪乱するためには、実に多くのことがいっきに起きるのだ！さまざまな困難や、いろいろな誘惑と脅しを断固として克服することは、実際には相当に難しいことである。事態がそのように難しいならば、結局、すべては最終的な決定権を握っている者の明晰な判断と倫理的な真摯さにかかっている。そうして、決断によって生じる事態の外的かつ内的な影響範囲を全般的に考慮することは、良心の研磨、情熱の沈静化、意志の鍛錬に、たしかに影響を及ぼすが、そのような考慮をしても、それは決断の具体的内容を自ら決定できず、結局のところ、責任を担う者は一般的に示された事柄を実行するしか打つ手がないことになる。いかなる状況といえども、あらゆる人間的行為の危うさを心をゆさぶるように説得はできないかもしれない。

終章

これまでの考察で国家の現実が正しく捉えられたならば、アリストテレスの語った人間は「政治的な動物」であるという言葉は、かれが考えていたことをはるかに越える意味を含んでいる。それは、政治的共同体のなかで生きることが人間の本質であると主張しているだけではない。人間の使命と運命は、人間の政治的生活と政治的行為にはっきりと現れている、ということである。人間にとって何が本当に大事なことかを知ろうとする人は、とりわけ人間存在の政治的側面を問わなければならない。実際に、その政治的側面は、われわれにさまざまな知識を与えているのではないか。政治的側面は他のところでは決して得られないような、あるいはわずかな示唆であっても、われわれにいろいろなことを教えてくれてはいないだろうか？プラトンは何と正しかったことか！個人的存在がわかりにくいながらも示唆する事柄を、われわれは『国家論』のなかで読み取ることができると、かれは語ったのである。

われわれが政治的現状の分析によって読み取らねばならないのは、人間は権力行使によって同胞を抑圧する可能性をもっている、ということなのだ。同胞を抑圧する可能性をまったく考えないなどというのは、人間には無理なことである。人間はこの可能性を放棄すれば、自分の使命を達成できなくなるかもしれないからである。この可能性をいたるところで現実にすることも、もちろん人間には許されていない。権力に耽溺するならば、倫理的に堕落し、精神的に荒廃し、身体的に破滅するかもしれないからである。権力の適用と権力の放棄の狭間でくり返し選択を迫られるならば、人間は明確に指標を示す規範による統治の欠如に耐えつづけなければならない。この統治が人間に欠けていることで、その影響が広範に及ぶことも含めて、人間はいつも倫理的誤謬にさらされる。この倫理的誤謬の結果、外的および内的な腐敗が増加しつづけ、その間に倫理的誤謬の泉もいっそう豊かに湧き出てくる。人間を政治的領域の中心と見るならば、それこそが人間の姿である。つまり、人間は生存の能力があるが、生存の危うさは簡素な生活様式のなかにも、また人間がその国家的な自己組織によってつくり出した諸勢力の群れのなかにも、あまねく姿を見せないのである。われわれがこのように主張しても、それはそれで何ら過言ではない。また、人間というものは存在の秩序自体のなかでゆとりを生み出し、このゆとりを多くの成果と実績で満たし、あるいは非常に多くの錯誤と過失で消費するが、このような人間存在とは、いったいどのように評価されるのか。それは、この上なく気高いことも、卑劣きわまりないこともなしうる人間存在、向上する諸力にも堕落する諸力にも開かれている人間存在、自己完成の意欲もあり、また堕落する心をもつ人間存在、すなわちパスカルの言葉でいえば「宇宙の栄光であり、屑」[訳注19]である人間存在である。かくて、とてつもない自己危険化の代償を払って、途方もない事態が賭けにさらされている印象が、何としても拭いきれないのである。そうして、この賭けは、それが失敗しても決着しないのではないかという不安な問いで終わってしまう。人間自身の責務は、自己証明を決断して、この不安な問いに応えることである。それというのも、出口を決定するのは、脇道にそれることなく粛々と歩みを進める宿命などではなく、人間自身の意志だからである。

了

原注

序章

1 「種」の慎重な理解よりも、「種」の「鑑賞」に近い方法論上の諸問題を無視したり、軽視したりすることには、強く警戒しなければならない。方法論の問題が「単なる形式にすぎない」事柄として丁重に棚上げされる場合にも、「事実自体」が縮減されることなく、また歪曲されることなく見えてくると思うのは、大きな間違いである。われわれの関心事である問題では、方法論的な問題設定と「事実に即した」問題設定の密接な相互関連がきわめてはっきりとしてくる。この方法論的前提で論じた概要は、拙論「精神科学的認識の構成における普遍的なもの」(ライプツィヒ、一九四一年)で詳論されている。

2 この点については、原注3を参照のこと。

3 わたしの考えは、さらに以下の著作で展開されている。『歴史と生命』第三版、ライプツィヒ、一九三〇年。「公民教育の哲学的基礎」、『教育学の可能性と限界』第二版、ライプツィヒ、一九三一年に収録。『公民教育における国家の理念と現実』ライプツィヒ、一九三一年。

第2章

1 今日、「精神」という概念の使用者が理解しておかねばならないことは、この概念が一九世紀の歩みのなかで、古典的な代弁者であるヘーゲルによって与えられていた限りなく多様で豊かな意味を失った、ということである。精神の概念に、個々人のなかで映し出されるある範囲の心的諸現象の表現しか見ようとしない傾向にますます慣れてしまったのである。精神は主観的な心的生活の範囲を越えて、持続する成果や行為のなかに客観化される事象であること、その限りで実際に精神は自立しているひとつの「世界」であること、このことが心理学的解釈の進歩によってますます忘れられたのである。あるいはまた、精神の概念はそれが国家に表面的に対立する「文化」の概念と同等に扱われることで希薄になった。一方で、ヘーゲルから学ぼうとすれば学べたのであるが、国家がそれ自体で存立するかのごとくに、精神の概念から切り離されるならば、生き生きとした精神の構造が破壊されるということでもある。

第3章

1 われわれのここでの考察は、「純粋な」事例である。すなわち、国家は、精神的行為のあらゆる根本方向も倫理的意識も、まずは自分で産み出さねばならない人間存在の土台の上に成り立つ。しかし、国家がすでに十分な倫理的意識によって目覚めた世界では、新たな建国の事例も考えられる。もちろん歴史はこうした諸々の事例を承知している。その素晴らしい事例は、アメリカ合衆国の建国である。合衆国憲法の土台となっている「人権」宣言は、整然とした人間共同体の究極の前提を根本的に意識した成果であった。したがって、この宣言は文明化された世界におけるとてつもなく大きな影響力であった。

2 これはペスタロッチの人間の哲学のきわめて成熟した認識のひとつである。わたしの以下の著作を参照のこと。『プロテスタントの歴史意識』ライプツィヒ、一九三九年、三五頁以下、四九頁以下。『ペスタロッチ、生誕二〇〇年記念』ベルリン、一九四六年、一四頁以下。ペスタロッチは、良心の警戒心を麻痺させる偽りの安全感を、「悪の無知の夢想」と呼んでいる。

第4章

1 Adolf Hitler, Mein Kampf.1936, Zentralverlag der NSDAP, München.S.316. アドルフ・ヒトラー著、平野一郎・将積茂訳『わが闘争』角川文庫(上)、角川書店、一九八七年。四一一頁。(以下、田代による改訳箇所がある)

2 Adolf Hitler,a.a.O.S.312. 平野・将積訳『わが闘争』(上)、四〇六頁。

3 Adolf Hitler,a.a.O.S.313. 平野・将積訳。同上(上)、四〇六頁。

4 Adolf Hitler,a.a.O.S.267. 平野・将積訳。同上(上)、三四七頁。

5 Adolf Hitler,a.a.O.S.267. 平野・将積訳。同上(上)、三四七頁。

6 Adolf Hitler,a.a.O.S.316. 平野・将積訳。同上(上)、四一一頁。

7 Adolf Hitler,a.a.O.S.314. 平野・将積訳。同上(上)、四〇八頁。

8 Adolf Hitler,a.a.O.S.267. 平野・将積訳。同上(上)、三四七頁。

9 Adolf Hitler,a.a.O.S.145. 平野・将積訳。同上(上)、一九六頁。

10 Adolf Hitler,a.a.O.S.148. 平野・将積訳。同上(上)、二〇〇頁。

11 Adolf Hitler,a.a.O.S.573. 平野・将積訳。同上(下)、二〇二頁。

12 Adolf Hitler,a.a.O.S.149. 平野・将積訳。同上(上)、二〇〇頁。

訳注

1 イマヌエル・カント（一七二四年―一八〇四年）。ドイツ（プロイセン）の哲学者であり、ケーニヒスベルク大学の哲学教授であった。『純粋理性批判』、『実践理性批判』、『判断力批判』の「三批判書」を発表した。カントの思想はその「三批判書」にちなんで批判哲学と呼ばれる。カントのいう「批判」とは、人間の理性・悟性・感性・判断力からなる人間の認識能力を個別的な経験を越えて、純粋に吟味することである。人間の認識能力を突き詰めれば、「人間とは何か」という問いとなり、それがこの「三批判書」で追究されている。

2 詭弁学派。紀元前五世紀半ば頃から紀元前四世紀にかけて、ギリシアで弁論術を中心にさまざまな専門的知識を授けた職業的知識人（ソフィスト）たちの総称。民主政のアテネの市民にとっては、弁論に優れていることが成功するためのひとつの手段であった。職業的知識人（ソフィスト）たちは、謝礼を得て、人びとに演説や論争の技術を教えた。代表的な人物として、ゴルギアスやプロタゴラス等がいる。かれらは、真理や正義の問題よりも、「詭弁」を用いて相手を論破する論争術を伝授したという評価から、「詭弁」をもて弄ぶ「詭弁学派」と称されるが、今日では歴史的な再評価も行われている。哲学者プラトンはソフィストたちの名を冠した一連の作品を著し、ソフィストの思想と対決した。

3　ストア派。紀元前三世紀初頭の古代ギリシアの知識人、ゼノン（紀元前三三四／三三三年―紀元前二六二／二六一年）の学説に端を発する。ゼノンはアテネの広場の「柱廊（ストア）」に集まった人びとに講義を行い、そこでかれらと学習・議論を重ねた。「ストア派」の呼称はここに由来する。ストア派の学説は論理学・自然学・倫理学からなるが、これらは密接な関係で展開される。ゼノンはとくに倫理学を重んじ、人間の理性による実践的知識を求めた。ストア派の特徴のひとつは、破壊的な衝動を克服する自制心や忍耐力を育成する必要を説いて、理性による人間の倫理的幸福の追求を主張したことにある。ストア派は紀元前三世紀中頃には消滅したが、ストア派の考え方は思想史において、さまざまな影響を及ぼしてきた。ジャン＝バティスト・グリナ著、川本愛訳『ストア派』白水社、文庫クセジュ、二〇二〇年を参照。

4　G・W・F・ヘーゲル（一七七〇年―一八三一年）。ドイツ観念論哲学を体系化したドイツの哲学者。ヘーゲル著、長谷川宏訳『精神現象学』作品社、一九九八年を参照。とくに「自己意識の自立性と非自立性―支配と隷属」（一二九頁―一三八頁）を参照。二つの対立する意識の形態を「主人と奴隷」の関係で分析している。主人＝自主性を本質とする意識、奴隷＝生命を本質とする意識。この二つの意識は相互に影響し合う。

5　放送大学北海道学習センター機関誌『てんとう虫　第一一七号』（二〇一九年一〇月発行）。学習センター長（二〇一九年当時）、新田孝彦教授の「アカデミックリテラシー、続・わたしの失敗談」を参照。ペルシウス／ユウェナーリス作、国原吉之助訳『ローマ風刺詩集』岩波文庫、二〇一二年を参照。同書「第六歌　ローマの女」。「あいつは何もしていないでしょう。それでも死刑なのです。

このことをわたしは欲しているのです。わたしは命じます。私の意志が処刑の理由です」、一五九頁。

6 ドゥンス・スコトゥス(一二六六年?―一三〇八年)。正確な生誕日には諸説がある。オックスフォード大学とパリ大学で学び、両大学で教壇に立った。一三〇八年にケルン大学に招かれ、同年没。数学的厳密性を理想とし、哲学を厳密学とした一方で、神学を実践学と見なし、哲学的な理性と神学的な信仰を分けて考えた。神の意志を何ものにも拘束されない、善悪の最高規範とした。

7 古代ソフィスト派。前出の訳注2を参照。

8 トマス・アクィナス(一二二五/二六年頃―一二七四年)。イタリアの哲学者にして神学者。『神学大全』で知られるスコラ学の代表者。一九五〇年よりパリ、ナポリ、ローマで研究と著作活動に従事した。神学的領域の真理と哲学的領域の真理を区別したが、この二つの領域は相補的関係にあるとした。人間は最高で普遍的な神の善をめざすことで倫理的な善を獲得し、自分の理想とする幸福に近づくことができると説いた。

9 オスヴァルト・シュペングラー(一八八〇年―一九三六年)。ドイツの哲学者、歴史家。ハレ大学・ミュンヘン大学・ベルリン大学に学んだ。その後、デュッセルドルフ、ハンブルクなどのギムナジウムで教師生活、一九一一年からは研究と著述に専念した。第一次世界大戦の終結する一九一八年に『西洋の没落』(第一巻)を公刊。同書は「時代が生んだ奇書」(板橋拓己)として、一大センセーションを巻き起こした。西洋の進歩主義的な歴史観を退けるとともに、西洋の近代中心主義的な視点を転換して、歴史を相対的に認識する必要を説いた。『西洋の没落』は歴史の比較形態学であり、歴史を植物の誕生、成熟、消滅の循環と同じように捉えた。『西洋の没落』は多くの批判的な論争を呼び起こしたが、他方で多くの思想家に多大な影響を与えた。シュペングラーはナチズムに少なからず影響を及ぼしたとされるが、人種的な反ユダヤ主義には否定的であった。村松正俊訳『西洋の没落Ⅰ』、『西洋の没落Ⅱ』中央公論新社、二〇一七年を参照。

10　F・W・ニーチェ（一八四四年―一九〇〇年）。ドイツの哲学者、思想家。神を否定し、ニヒリズムを徹底することで、人間は真の実存にいたるという思想を展開した。ニーチェが探求しつづけた「力への意志」とは、人間が自分自身を克服し、さらに強く成長しようとする根源的な生命力に基づく意志であるとされる。ニーチェは『力への意志』を生前に完成するにはいたらなかった。妹のエリーザベトがニーチェの草稿を編纂し、『力への意志』として出版した。

11　ヘーゲル著、長谷川宏訳『歴史哲学講義（上）』岩波書店、一九九四年。「序論」の「A歴史のとらえかた」、「B歴史における理性とは何か」、「C世界史のあゆみ」（一〇頁―一三七頁）を参照。以下、同書から引用。「理性が世界を支配し、したがってまた、世界の歴史を支配している」（五二頁）。「世界史的個人は……ひたむきに一つの目的にむかって突進します。だから、自分に関係のない事柄は、偉大な、いや、神聖な事柄でさえ、軽々にあつかうこともあって、むろんそのふるまいは道徳的に非難されてしかるべきものです。が、偉大な人物が多くの無垢な花々を踏みにじり、行く手に横たわる多くのものを踏みつぶすのは、しかたのないことです」（六三頁）。「国家こそが、絶対の究極目的たる自由を実現した自主独立の存在であり、人間のもつすべての価値と精神の現実性は、国家をとおしてしかあたえられない」（七三頁）。「社会と国家こそが自由を実現する場なのです」（七七頁）。「世界史的個人といわれるような大人物たちの行為は……世界のながれという立場からも正当化されます。……個人道徳をかれらに要求してもはじまらない」（一一九頁）。

12 プラトン（紀元前四二七年—紀元前三四七年）。ソクラテスの弟子で、アリストテレスの師にあたる。紀元前四世紀頃の古代ギリシア哲学の最盛期を代表する哲学者。プラトンは「対話篇」を著して、正義や真理を追究し、政治のあり方にも理想を求めた。とくに、対話篇『国家』では、アテネの政治を批判的に論じ、国家の統治は徳のある、「本物の哲学者」にゆだねられるべきであるとして、哲学者の学ぶべき「善のイデア」論を展開した。『国家』はソクラテスと数名の者による対話形式の「正義、国家」についての書で、全十巻から成る。「哲人政治」については、『国家』の第五巻「理想国家のあり方と条件、とくに哲学の役割について」と第六巻に展開されている。プラトン著、藤沢令夫訳『国家（上・下）』岩波書店、一九七九年を参照。「同書（上）」四〇四頁—四二五頁、「同書（下）」一六頁—七五頁、「哲学者の定義」、「哲学者の条件」、「哲人統治者のため知的教育」を参照。

13 ゴルギアス（紀元前四八三年？—紀元前三七六年？）。ゴルギアスは、古代ギリシアで活躍した哲学者で、ソクラテスと対立した。プラトンの対話篇『ゴルギアス』に登場する。ゴルギアスが評価される理由のひとつは、アテネで「修辞学」、「弁論術」を普及させたことである。プラトンは、その著『ゴルギアス』において、ソクラテスと三人の人物との弁論術をめぐる対話を描いた。ソクラテスはこの弁論術の「まやかし」を明らかにしようとして、対話が開始される。この対話はゴルギアスの弟子のポロス、アテネの政治家カリクレスに引き継がれる。プラトンの『ゴルギアス』には、アテネの社会と政治に対するプラトンの批判的姿勢がソクラテスの対話を通じて、示されている。プラトン著、中澤務訳『ゴルギアス』光文社古典新訳文庫、二〇二二年を参照。

14　ニッコロ・マキアヴェリ（一四六九年―一五二七年）。マキアヴェッリ著、河島英昭訳『君主論』岩波文庫、一九九八年を参照。マキアヴェリ著、池田廉訳『君主論　新版』中公文庫、二〇一八年を参照。

15　トゥキュディデス（紀元前四六〇年頃―紀元前四〇〇年頃）。古代ギリシアの歴史家。紀元前四二四年に、ペロポネソス戦争に参加したが、紀元前四二三年から四二五年に国外追放。ペロポネソス戦争を実証的立場から詳細に記録した『戦史』を著す。久保正彰訳『トゥーキュディデース戦史』岩波文庫（上・中・下）、新装復刊一九九七年、二〇一七年他を参照。

16　ペロポネソス戦争。紀元前四三一年から四〇四年にかけて、古代ギリシアのアテネ中心のデロス同盟と、スパルタ中心のペロポネソス同盟との間で起こった戦争。アテネは民主政体として、強力な海軍を中心に軍事力を増強しながら勢力を拡大していた。スパルタは少数の貴族階級が支配する軍国主義的な政体で、陸軍を中心に厳しい訓練を行っていた。最終的には、スパルタの勝利に終わったが、ほぼ三〇年間にわたった戦争の結果、古代ギリシアの社会は衰退していった。

17　アドルフ・ヒトラー著、平野一郎・将積茂訳『わが闘争』（上）角川文庫、一九八七年、三四七頁。

18　キマイラ。ギリシア神話に登場する三つの頭をもつ怪物。前半身はライオン、胴体の中程は山羊、後半身は大蛇の頭をもつ怪物として描かれ、人間や家畜に多大な被害を与えたとされる。勇士ベレロポーン（ベレロフォン）が天馬ペーガソス（ペガソス）を御して、天空に駆け上がり、このキマイラを退治する。呉茂一『ギリシア神話（上）』新潮文庫、二〇〇七年、四七二頁―四七六頁を参照。石井桃子訳・編、富山妙子画『ギリシア神話』のら書店、二〇二〇年、一一八頁―一二五頁を参照。

19　パスカル著、前田陽一・由木康訳『パンセ』中公文庫、一九七三年、二七七頁。「人間とはいったい何という怪物だろう……何という矛盾の主体、何という驚異であろう。あらゆるものの審判者であり、愚かなみみず。真理の保管者であり、不確実と誤謬との掃きだめ。宇宙の栄光であり、屑」。

解題　ナチズム期におけるリットの思想的位相の一断面

田代尚弘

1.「ナチズム」とリットの状況

ヒトラーは一九三三年の政権樹立後、やつぎばやな法律制定によって国民社会主義体制の強化と安定をはかった。一九三三年三月二三日には「全権委任法」が成立し、四月七日には、「公務員制度再建のための法律」が公布された。この「公務員制度再建」の法律は現行法規を超越して、公務員を解職できるというものであった。この時点で、大学も国民社会主義体制の支配下に置かれ、いわゆるナチズム的な「新しい教育と学問」が始まる。一九三三年春には、すでに大学の学長や学部長が交代させられ、多数の教授たちも追放された。こうして、研究者集団は確実に解体していった。他方で、国民社会主義に「自発的に同化」しようとした数百名の大学教官は、先を競ってヒトラーに対する服従を誓い、政治的な「ドイツ的学問」、「アーリア的学問」を構築しようとした。「アーリア的学問」は人文系の学問のみならず、自然科学の分野でも主張された[1]。

こうした状況下で、「精神科学的教育学派」あるいは「科学的教育学派」と称される、哲学的・教育学的思想の代表者、E・シュプランガー、Th・リット、H・ノール、W・フリットナー、E・ヴェーニガー等は、多くの知識人と同様に「国内亡命・精神的亡命」の道を選ばざるをえない状況に置かれた。かれらは、根本的には国民社会主義体制に批判的ではあったが、それぞれの思想的境位で「体制」と切り結ぼうとした。

代表的な教育学者のE・シュプランガーは国民社会主義体制に当初は、若干の理解を示したが、国民社会主義的な「ドイツ学生団体」がベルリン大学構内に「非ドイツ的精神に対する一二箇条」を掲示したことに端を発し、一九三三年四月二六日にベルリン大学学長に、大学辞任を申し出て、それ以降はヒトラー体制に批判的な立場を取った。シュプランガーやリットと親交のあったH・ノールの国民社会主義に対する政治的立場も微妙であった。ノールが国民社会主義を一時的にも肯定し、国民社会主義体制の抑圧的性格を誤認した、とする評価がある[2]。ノール研究の第一人者である坂越正樹氏もノールの教育思想の社会的・政治的立ち位置を緻密に分析して、「ノールのナチズムに対する姿勢は両義的であった」ことを検証している[3]。

このような状況において、リットは雑誌『教育』の編集活動においてシュプランガーを支援しつづけたし、ユダヤ人のゲッチンゲン大学哲学教授ゲオルク・ミッシュの追放のさいには、ノールへの手紙で激しい憤りと断固たる決心を書き送っている。「教授団がナチのすべての戦線に対して、はじめから少しでも断固たる姿勢を示してさえいれば、この種のことは生じなかったと思うのです。教授団が無抵抗のまま、すべていいなりになるような姿勢を取った後では、もう一切のことは失われてしまいました。……わたしは、こうした同業者とは内面的にまったく関係を断ちました……なぜなら、決定的な事態に異議申し立てする場合に、誰一人として援助者のいないことを、私は経験しすぎているからです」[4]と。このリットの手紙には、リットがナチズム体制の下で、もはや大学教授として活動する気持のないことが表明されている。

ちなみに、一九三三年一一月にライプツィヒで仕上げられた、ザクセンのナチ教育同盟による「アドルフ・ヒトラーと国民社会主義国家に対するドイツの大学教官の信仰告白」とそれに付帯した「世界の学者への呼びかけ」には約九六〇名の署名者がいたという。この「信仰告白」の趣旨文は次のような内容であった。

「すべての学問は、民族の精神的あり方と不可分に結びついており、そこからすべての学問は生成する。したがって実り多い研究活動の前提は、諸民族の制約のない精神的発展の可能性と諸民族の文化的自由である。各民族の、また民族と結合した学問を促進する共同活動によって、はじめて、民族を結合する学問の力が生じるのである……。

こうした信念から、ドイツの学問は、アドルフ・ヒトラーによって統一されたドイツ民族の自由・名誉・権利そして平和を獲得する闘いにさいして、全世界の学者が自国民に期待するのと同じ理解を示すことを、切に訴えるものである」[5]。この呼びかけに対する多くの教育学者の署名のなかには、肩書も大学名も記載されていなかったが、Th・リットの名前もあったという[6]。だが、この点については、「リットは当時すでにナチとの対決の状態にあり、そうした推測とはまったく別の状況であった」[7]、「リットという名前の記載は誤りか偽造であるというのが多くの見方である」[8]という反論もなされている。一九二八年から一九四五年までの時期にリットという名前の大学教官はひとりしかいなかったということであるが、リットが署名したか否かについての厳密な検証はこれまでのところなされていない。一九三三年前後のリットの思想的境位を考えるならば、リットの署名は「誤りか、偽造」という見方は、十分に納得のいくものである。

一九三三年二月に、ライプツィヒ大学教授のA・ケルテは、リットに「信仰告白」への署名を勧める手紙を送った。それに対して、リットは一九三三年三月三日のケルテへの手紙で署名を行わないとし、自分の決心を書き送った。リットは自分が批判されるのを覚悟で、「呼びかけ」の宣伝者が一定の副作用をはっきり認識していないと指摘し、この「呼びかけ」による、いわば「踏み絵」が大学教官層に亀裂を起こす原因となることを憂慮したのである。[9] こうしたリットの視点には鋭い現実的洞察と冷静な判断が示されている。それは、リットが一九三三年一〇月に発表した論文「国民社会主義国家における精神諸科学の位置」においても、はっきりと示されている。この論文には二つの重要な論点が展開されている。一つは、「人間の生」を対象とする学問(精神諸科学)の特性とその研究者の立場についてである。リットによれば、自然科学の研究者の研究対象は時代を越えた法則と形態の世界であり、客観的にして、普遍妥当的な世界である。だが、精神諸科学の研究者は、人間存在の「生」の諸連関や諸行為を研究の対象とすることで、自らの立場性を規定することになる。リットはこのことを「精神諸科学の研究者は、その時代とともに生きなければならない」[10]と述べている。

リットは、シラーが「美的教育」のなかで芸術家について語った言葉を引用して、精神諸科学の研究者の立場性を特徴づけている。「芸術家は、たしかにその時代の子であるが、しかしかれが同時に、時代の教え子あるいは時代のお気に入りであるなら、それはかれにとって困ったことである」、「あなたの時代とともに生きよ。しかし時代の創りものであってはならない。あなたの同朋に、かれらが必要とするものを与えよ。しかしそれは、かれらが誉めそやすものである必要はない」[11]。リットはこのシラーの言葉の意味を次のように解釈する。人間の「生」の展開と深く切り結ぶ精神諸科学の研究者は、たしかに時代精神に拘束される。しかし、かれはそうした「時代拘束性」を認識しつつ、その時代と人間の「生」のあり方に迎合してはならない。精神諸科学の研究者は、時代と人間にとって都合のよい結果ではなく、時代や人間にとって不都合な事象を批判的に明らかにする責任を負っている。リットはこのように考えて、精神諸科学とその研究者の批判的役割を国民社会主義の学問的支配傾向に対峙させ、自らの国民社会主義に対する批判的見解を表明したのである。

第二の論点として、リットは国民社会主義による歴史の歪曲と「人種学」の問題を取り上げた。リットは、国民社会主義の理論的支柱である「人種学」が歴史の歪曲によって産み出されたと見なす。リットは歴史家が時代の支配的勢力に迎合してはならないとして、次のようにいう。「歴史家は、現在を王座に高めるものを確認したり、直視したり、準備したりすることを、あらゆる代価を払って過去のなかに求めようとして、過去に近づいてはならない」[12]と。もし、歴史家がそのような意図で過去に近づくならば、かれは現在の歴史形成のために過去の歴史の独自な生命を奪い取ることになる。リットの憂慮は、国民社会主義とそれに同調的な人びとがドイツの歴史的過去を利用し、国民社会主義の「お気に入り」の歴史をつくりだすことであった。

正しい歴史に敵対的な潮流は、歴史的過去を無化し、そうして歴史的必然を無視した新しい歴史を創作し、かつそのプロセスのなかで国民社会主義の理念、すなわち民族の根源性を神聖化しようとするのである。そのような「神聖化」によって歴史は民族的根源としての「血」や「人種」を土台とする「人種学」の分野の従属物とされ、その結果、「生物学的なもの」はもとより、心的・精神的な世界までもが、人種概念によって規定され、歴史に対する「人種学の優位が一層明らかになる」[13]。リットは「歴史が人種概念のなかに取り込まれるなら、歴史のなかに……生物学的な血の規定の『反映』だけを見たり、それを承認するという誘惑が生じやすくて危険」だと見なしたのである[14]。

リットは一九三五年に、『哲学と時代精神』を公刊した。それは、国民社会主義の世界観との「真剣な学問的」対決の意図を含んでいた。また、一九三八年にリットは『ドイツ精神とキリスト教』を出版し、その著書のなかでA・ローゼンベルクの『二〇世紀の神話』を取り上げ、「わたしは以下、ここで提示されたことを、A・ローゼンベルクの『二〇世紀の神話』からの詳細な引用をもって吟味することで満足した」と書き、さらに、当時大きな影響力をもっていた政治教育学者A・ボイムラー、H・ハイゼ、E・クリーク、F・ベーン等の著書をローゼンベルクの著書と同系列のものと見なした。[15] リットは、一九三八年に『人間の自己認識』を公刊し、生物学的アナロジーに基づいた人間解釈に疑念を呈し、生物学的事実から人間の歴史性、合理性、反省可能性、決断能力と責任能力を引き出せないことを論証しようとした。

2. ボイムラーのリット批判

当時の国民社会主義の主要なイデオローグのひとりであったボイムラーは、自分の編集する雑誌『世界観と学校』に「テオドール・リットとの出会い」[16]と題する一文を載せ、国民社会主義に対するリットの批判的立場を揶揄した。「テオドール・リットは、以前から目立ちたがっていたし、ドイツの教師然としてふるまってきた。そして今、かれは『私はそれを知っている!』という退屈な発言で挙手し、そしてかれが書いた本を事前に読むこともなく、民族の神話、民族の人種的な心および民族の性格価値について語るあわれな過誤者を啓蒙しようとする」[17]と。

ボイムラーにとって、リットの国民社会主義批判の構えは当然苦々しいものであったが、ボイムラーはリットを正面から論駁するのではなく、むしろ高所からリットを揶揄するのである。ボイムラーは、リットの著書『ドイツ精神とキリスト教―歴史的出会いの本質について』を取り上げ、その内容が自己欺瞞に満ちていると断じ、リットを「誰かに白昼ロウソクを灯すのを強いられていると感じるような部類の人びとの精神状態と切り離せないように思われる」と揶揄した。ボイムラーはリットを強迫観念に駆られた人物と評価することで、リットを冷笑したのである。

ボイムラーにとって「人種理論」に対するリットの批判的見解は、「臆面もなく、自由主義の愛すべき古き流行歌を何か新しいもののごとくに、われわれに示してみせる」時代遅れの言説にすぎなかった。「リットは教化的な口調でいったい何を証明したのか」とボイムラーは嘲笑する。ボイムラーは、リットがローゼンベルクの書物の根底にある概念を驚くべき無知で自然科学的生物学主義と結論づけた、と見なす。「テオドール・リットは、一九三八年には、やはりまだ次のことを理解していなかった。……国民社会主義的な人種概念自体は、自然科学的・生物学的根本概念ではなく、むしろ普遍的根本概念であり、また領域概念ではなく、むしろ世界概念であることを理解しなかった」[18]と。ボイムラーにおいて、「人種概念」はもはや自然科学的概念を越えて、精神的普遍性を表す根本概念、世界説明的な根本概念にまで拡大されていたが、リットはこうした概念を批判したのであった。ボイムラーがリットを嘲笑的に批判すればするほど、リットの国民社会主義に対する冷静な洞察は、国民社会主義的な世界観の不当性を照射することになった。

3.『国家権力と倫理』

リットの本書『国家権力と倫理』の「はじめに」(一九四七年秋)によれば、原稿は国民社会主義体制終焉の三年前、一九四二年に書き下ろされ、「文机のなかに、長い間しまい込まれていたが、それには別段の理由はない」ということである。当時の緊迫した状況下で、「本書」をただちに出版することは困難であったと思われる。「本書」は先述の「国民社会主義国家における精神諸科学の位置」(一九三三年)、『ドイツ精神とキリスト教』(一九三八年)、『人間の自己認識』(一九三八)、『プロテスタントの歴史意識』(一九三九年)の延長線上にあり、リットの国民社会主義体制に対する批判的な思想と現代の危機的状況に対する憂慮が「国家権力と倫理」という視点で、鮮明に示されている。以下、本書のリットの言葉を引用・要約して、本書に込められたリットの「思い」・「意図」の一端を考えてみたい。

(1)「国家権力」と「権力の欲望」

「本書」のテーマは、「国家権力」と「倫理的課題」の本質的関係を考察することである。リットは、「国家権力」、「秩序」、「人間の自由意志」の相関性を分析し、「国家権力の倫理的課題」を明らかにしている。「国家権力」についていえば、それは「必要な権力」と「禁じられた権力」に区分され、この二つは拮抗関係にある。「必要な権力」は「共同体の形成と維持」、「秩序の制定」、「国内的・国外的防衛」等に不可欠であり、「禁じられた権力」は「共同体の破壊」、「秩序の破壊」、「国内的・対外的な紛争と戦争」等を引き起こす力である。「国家権力」のこの拮抗関係が崩れるとき、「国家」と「倫理」の関係も崩壊する。「秩序」についても、「秩序」は「国家権力」に支えられて制定され、一面では「国家権力」を支えるが、他面で「国家権力の濫用」を規制する。「国家権力」が状況に対応するにあたり、自らの行動規範を無視すれば、「国家権力」は自らの存在基盤を揺るがし、自らの秩序を破壊することになる。したがって、専制的で自制心のかけらもない独裁者でさえ、気分次第で権力を運用をすることはできない。このようにリットは、「国家権力」と「秩序」の関係を明らかにする。リットは「人間の自由」についても、「国家権力」と「自由」の相関的関係を考察している。「自由」は「国家権力」と無関係では成り立たないが、「自由」なくしては「国家権力」も成り立たない。「自由」は人間の本質を根本的に規定する概念であるが、人間が「自由」であるためには、「自由」を「強制力」で阻止せざるをえないことも事実である。無制約な「自由」は人間の共同体と個人の権利を破壊することになる、という。問題は「国家権力」とその権力を掌握した「権力者」が人間の「秩序」、「自由」、「倫理的良心」を徹底的に抑圧し、それを正当化する現実である。リットの「本書」は、「国家権力」と「権力者」の本質を描き出すことで、「第三帝国」の「特質」を明らかにする「意図」を含んでいる。

リットは、人間社会が「国家権力」によって制御され、それによって「秩序」も「自由」も一定の「正常な機能」を果たすとし、「秩序」と「自由」が正常に機能すれば、「国家権力」もまた倫理的に機能する可能性がある、と見なしている。しかし、現実には、「国家権力」は徹底的な「強制力」をもつがゆえに、「国家権力」を手中にした「権力者」、「支配者層」は自分たちの意志を思いどおりに実現する「究極的手段」として「国家権力」を行使する。リットはこの現実について、次のようにいう。「国家権力」と「権力者」は、「世間の人びとや個人の良心の前で善良な表情を装うのが得策であると思えば、どのような体裁でも整える」、「権力の親愛の言葉など、状況次第では簡単に舌先三寸になる」と。権力を掌握した「権力者」や「支配層」の心の奥には、「権力の座を強化することで生まれる権益だけに、ほとんどそれだけに、目を向ける」傾向があるし、かれらは「合法的な事柄の守護者」として承認されることに腐心する。これが「国家権力」と「権力者」の本質的な一面である。さらに、リットは、この「国家権力」と「権力者」の「権力行使」の「動機」に踏み込み、それを「権力欲」であるとし、「権力欲の肥大化」こそが「国家と人間」を破滅させる原因のひとつである、と見なしている。

リットは、次のようにいう。「権力者」のみならず、人間は誰でも、動物を使役し、苦しめ、手足を切り落とし、いわんや結局は動物の命を奪う特別な可能性をもっているし、「自分の同胞である人間」を動物とまったく同じように扱う。この事実は、人間にはあらゆるものを支配する一種の「全能的権能」が与えられている、ということでもある。この「全能的権能」の行使によって、人間は「自由裁量権」を行使する可能性を手中にする。「自由裁量権」の行使は、その「行使者」と「同じ生存権をもつ人間同胞」を文字どおり絶滅させる可能性を含んでいる。同胞の絶滅にまで及ぶ「自由裁量権」を手中にした者は、その権限の行使にあたって、まさに「自分自身を超克しているような感覚」に陥り、本来は「神にのみ相応しい豊かな御業」を贈られているかのように錯覚するのかもしれない。この「権力欲」は、人間同胞を「力ずくで抑圧し、多数の同胞たちを次々に撃ち殺し、人間の運命を自由に操り、神の高みにまで達したと感じる至上の喜びを享受する」のである。「権力」を手にした「権力者（支配層）」は、自分の同胞の運命が自分の判断次第であることをいちど知るならば、かれはこの高揚感によって、いとも簡単に、真に「悪魔的気分」になり、この「悪魔的気分」を十分に楽しみ、「絶滅の恍惚感に酔いしれる喜び」を味わうという。リットは、このように「国家権力」に潜在する「権力の魔力と誘惑」を描き出している。「権力者」のみならず、人間という存在は自分の異常な「権力欲」のとりこになり、その欲望を実現させることで、「自分の責務を果たしているにすぎないと納得したがる」のである。リットにとっては、このことこそが「自己欺瞞の詭弁」である。とくに「権力者」がこの「自己欺瞞」に捕らわれたときに、「国家」自体が「倫理的生活にとって最高の危険領域」になると、リットは警告を発している。

倫理的問題にとって決定的に重要なことは、こうである。すなわち、「国家権力」を掌握した「権力者」によって、何百万もの人間が動員され、一つの戦力に、すなわち「ひとりの巨人のごとく上部からのいかなる指令にも従う戦力」になるならば、また味方の陣営でも敵の陣営でも無数の人びとがおぞましい戦闘で血を流し、命を落とすならば、こうした犠牲を生みだす権力者の欲望と意志は、実際に世界の運命を支配する一種の全能感に浸っている。そのさい、「権力者」

や「支配層」が心の内で抱くのは、「おまえが命じることは、おまえの使命を果たすことでなされるし、一時の情の脆さに決して流されない内なる義務感で行われる」という思いである。

権力はいろいろな衣をまとって変装することができるし、「権力者」は多様で、効果的な婉曲表現を自在に操るがゆえに、リットはこうした事態に対して、人びとに倫理的な警戒心をもつ必要を強く訴えかけ、「倫理的良心」が「国家権力」や「権力者」に抵抗できるのは、次のような状況においてだけであると主張する。つまり、「権力」に殺到する、「根絶しがたい誘惑」、「権力を誘発する避けがたい状況」および「権力の思いのままの多種多様な偽装」に、決して騙されることなく、自分の「倫理的良心」を覚醒させておくときだけなのであると。「権力の魔神」を最終的に駆逐したと錯覚し、それゆえに魔神への警戒をおろそかにする人間の心は、いとも簡単に「権力の魔神」に絡め取られてしまう。

リットによれば、この「権力の魔神」は、当然ながら「歴史」を歪め、歴史を「強者の法」として、書き換えてしまう。しかし、歴史から「強者の法」しか読み取ろうとしないならば、それは歴史を歪曲し、歴史は組織化された「権力行使の歴史」となる。それは、歴史の実態が「戦争と反乱、略奪と荒廃、地租と夫役、病と死の歴史」であることを忘れさせ、そうして「倫理の問題」も歴史から排除される。歴史から「倫理的良心」を排除することは、過去の歴史像を改ざんするだけではなく、現代という時代そのものを破滅させ、未来に向けたあらゆる試みの息の根をとめることになる。その結果、まぎれもない「権力」の「凱旋行進」が歴史的経験の名において歓迎される。

リットは、われわれが歴史から学ぶべき点を、次のようにいう。歴史から「強者の法」に対する敬意の念を学ぶのではなく、「国家権力」と「権力者」に対して「良心による異議申し立て」がくり返しなされてきた事実と経験を学ばねばならない。そうでなければ、「人間は流血に泣き叫び、もうとっくに窒息死していた」。「今日の歴史的時点」の危機は、「支配的権力」が一カ所に、つまり特定の人間や機関に集中すればするほど、支配的権力によって維持された組織がますます影響力を拡大し、その組織は目標とする行動や作業のために、ますます確実に人びとを動員することになる。

「国家権力」に支配される人びとは、物理的権力の多様な強制手段の階層的システムによって、服従を強いられている。近代諸国家の組織自体が途方もない規模に成長し、そうして複雑高度につくり上げられたにもかかわらず、その組織が緻密に維持されるのは、権力の階層的システム機能の信頼性による。そうして、いまや国家は規模を拡大しただけではなく、「技能の達人」になった。リットはこの現実を、次のようにいう。「手持ちの兵力を抜かりなく完全に統括し、その行動を確実に統制できる部隊に編成し、とてつもない破壊力の兵器で武装し、この殺人兵器にふさわしい魂を与える憎悪の念に火をつける技能の達人になった」と。国家的に組織された人間の「正当な利害関心」のなかにあったと思われる事態とは真逆の事態が、歴史の経過とともに生じたのである。

リットはこうした「歴史的な現在」を「第三帝国」に見ていた。歴史の理性を無視して、「今日、第三帝国の指導が民族のすべての構成員の頭にたたき込もうとしたことは、まさしく民族生存の形而上学であった。この形而上学は、国家権力による政治的行為を考えられる限りの権威に格上げし、その他のすべての行動に優先させるものである。たとえ、何がもくろまれ、何が企てられ、何が講じられようとも、この形而上学が認められるためには、とりわけ国家権力の政治的重要性を基準にしなければならなかった。人びとは、たとえ自分の意志にそぐわなくても、政治的事情に倫理的意識の焦点を合わせざるをえなくなったのである」。ここに、リットの国民社会主義体制に対する明確な危機意識が明らかにされている。

⑵「擬似的自然科学主義」に対する批判

リットは先述の諸著作において、「生物学的アナロジー」に基づいた人間解釈に疑念を呈し、

「生物学的事実」から人間の歴史性、合理性、反省可能性、決断能力と責任能力を引き出せないことを、くり返し論じた。周知のことではあるが、動物は通常の状態では、「種内殺戮」を回避する。それは「種の理性」で縛られているからである。「種内殺戮」が生じるのは、一般的には切迫した「生存の危険」が生じた場合である。人間の行動もたしかに、動物的な特徴をもっているが、人間の諸行為は動物の行動様式とは本質的に異なっている。リットは「本書」で、「国家的共同体」を築く人間の行動様式は動物のそれとは根本的に相違していると、くり返し指摘する。人間は、生体内の「安全装置」が自律的に働かない生物であるがゆえに、つねに「種内殺戮」の「欲求と衝動」にさらされ、「自らの生存圏の全面的破滅」の危機に直面する。それは、人間が人間以外の動物のような「種の理性」から解放されて、「自由意志」で行動できる存在だからである。リットはこうした点から、人間を「生物学的アナロジー」だけで捉える危険性を強調する。

リットは国民社会主義の「思想」の根底には、こうした「人間の特性」を無視した、「生物学的アナロジー」による人間理解があり、それが「人種概念」を歪めてきたのではないか、と見なしている。リットはこうした観点から、先述のように、ローゼンベルクやボイムラーに異議を唱えたのであった。たしかに、「生物学」は人間や人間生活に多大な貢献をしてきたし、また貢献しつづけるであろうが、リットは「生物学」を含めた自然科学的な帰納法の論理だけでは、人間の「歴史」、「国家」、「文化」、そうして人間の「社会的な生存構造」のすべてを解明できるわけではない、と強調する。だが、国民社会主義の思想は「自然科学の法則」を人間存在とその世界に普遍的な法則として適用できると考えている。これは、いわゆる「ナチズム」が「自然科学」を人間の生存形態の説明に「擬似的」に適用している、いわば「擬似的自然科学主義」に依拠している、ということでもある。リットは、この「擬似的自然科学主義」こそが、「人間の特性」や「人間の歴史」を歪める根本的な考え方であると見なした。

リットは「本書」で、ヒトラーの『わが闘争』を取り上げて、ヒトラーの根本思想においては、「擬似的自然科学主義」の諸原理が過激に展開されていると指摘する。ヒトラーは『わが闘争』において、自然界の動物の「強者の論理」で「人間存在と人間界」を説明し、「恒星の周りを惑星が回り、惑星の周りを衛星が回る」力の法則を人間世界に適用している。ヒトラーは「いつも力だけが弱者を支配し、そうして弱者を無理矢理に従順なしもべとし、弱者を打ちのめす」ことを正当なことだと考えている。リットは、ヒトラーが「人間に特別な法則があるわけではない」という確信をもち、「自然の鉄則の認識と容赦ないその適用」だけが人間世界の説明原理であるとして、「自然の鉄の論理」を人間社会に適用している、と指摘する。ヒトラーは、自然の鉄則を「究極の知恵の永遠の原理」として賛美し、しかも自然の鉄則のなかに「強者に場所を与えるために、弱者を滅ぼす」ような「自然のヒューマニティ」を発見し、それを人間世界の「ヒューマニティ」とすり替えている。こうして、人間が人間世界の「ヒューマニティ」としてつくり上げる物語は、「宇宙的なヒューマニティ」を目の当たりして萎縮し、「愚かさと臆病と思い上がった知ったかぶりの混淆物」になってしまう。リットはこのように『わが闘争』から、ヒトラーの「擬似的自然科学主義」の思想を注意深く引き出しながら、ヒトラーと「ナチズム」の「世界観」に異議を唱えたのである。ここにこそ、リットの「本書」執筆に込めた「思い」、「意図」のひとつがあった、と思われる。

リットは「本書」の終章で、次のように問う。「絶滅の権力欲」に酔いしれる人間、しかし「倫理的良心の抵抗を試みる人間」、こうした「この上なく気高いことも、卑劣きわまりないこともなしうる人間存在、向上する諸力にも堕落する諸力にも左右される人間存在」、「自己完成の意欲もあり、また堕落する心をもつ人間存在」とはいかなる存在であるのかと。リットはパスカルの言葉を引き、人間存在は「宇宙の栄光であり、屑」であると応えている。リットは、今日、人間の共同体が「権力」の「蠱惑的な魔力」にさらされており、それゆえにこそ「倫理的問題」も、以前の世代とは比べようもなく、われわれの世代の心に重くのしかかっていると、警告する。人間が「世界の崩壊」の不安にさらされながらも、「崩壊」を避ける「希望」があるとすれば、また人間と世界の運命を決め、この不安な状況を打開できる道があるとすれば、それは人間自身の「倫理的意志」の決断にかかっていると、リットはいう。

人間は「自由」であるがゆえに、つねに決断を迫られる。人間は「躊躇なく一本の道を進むわけではない」。人間は多くの可能性に何度も向き合い、この可能性の狭間で、苦渋の決断を下さなければならない。どのような場合にも選択が必要となる。リットによれば、人間がそうした決断の状況につねに身をさらすことこそ、人間の「自由」なのであり、「権力行使の方向性」もまた、人間の自由にゆだねられている。「国家権力」、「歴史」、「秩序」、「自由」は、結局は人間の「意志」の「想像物」であり、「創造物」でもある。「破滅か希望」かの選択を行い、混迷した時代の「方向性」と「出口」を見つけるのは、結局は「人間の倫理的意志」の決断にかかっている。リットは本書において、このことも強く主張したのである。こうした踏み込んだ考え方を「ナチズム」の時代に公にすることはきわめて困難であったが、リットは一九四二年に「人間存在の危機への警告」を込めた自分の「思い」を書き留めていたのである。

4. リットと抵抗運動

リットは思想的な「ナチズム」批判の立場にとどまらず、実際に「ナチズム抵抗運動」にもある程度の関わりをもっていたようである。この点についても、若干触れておこう。

リットはすでに一九三三年以前から、ヒトラー抵抗運動の指導者となったカール・ゲルデラーと個人的親交を結んでいた。カール・ゲルデラーは、一九三〇年以降、ライプツィヒ市長であり、政治的穏健派の行政家として活動した。かれは、一時、ブリューニングの下で、次いでヒトラーの下で帝国価格統制官という要職に就いていたが、一九三五年に価格統制官を辞し、ライプツィヒ市長に復帰した。以後、ゲルデラーは、多くの人脈を活用し、反ヒトラー運動の急先鋒となっていく。

リットとゲルデラーの親交は、一九三三年以後に一層強固になったと思われる。クラフキは、リットがゲルデラーにきわめて近かったことを傍証するものとして、リットがエルンスト・シュッテに語った次のようなエピソードを紹介している。「権力の手先が逃走中のゲルデラーを逮捕したとのことが、一九四四年に新聞に報じられた。リットはただちにゲルデラーの家に、ゲルデラー夫人を慰めに行った。かれはドアをノックしたが、ドアは開かない。結局、ゲルデラーの娘がドアを開けたが、ぎょっとした顔つきで、一言もなくまたドアを閉めた。そうした態度をリットは不思議に思うとともに、かれは腹を立ててその場を去ったという。後になってわかったことだが、リットはゲルデラーの家がゲシュタポに押えられていたことを、そのときすぐには気づかなかったのである」[19]。このエピソードをもって、リットがゲルデラーの抵抗運動に直接的に関与していたとはいえないとしても、リットがゲルデラーと深いつながりをもっていたことはたしかである。この点の検証は、今後の課題でもあろう[20]。

リットがゲルデラーとの関係を保ちつつ、反ナチ的心情をもつ人びとの集会に参加していたという報告もある。英文学者で疑いなくナチの敵対者であったレビン・シュッキングは、その「回想録」のなかで、次のように述べている。かれは一九四四年まで毎月ライプツィヒのホテルで、反ナチの確たる心情の人びとの集まりである「討論会」という会合を聞いていたが、そこに「勇敢な哲学者リット」も参加していたと[21]。

この「討論会」のメンバー各人が、ゲルデラーを中心とするヒトラー抵抗グループと関係していたのかどうか、「討論会」がリットにとって抵抗運動のための接触の場であったのかどうかは、未決である。だがリットが政治的抵抗グループに少なからず関与し、国民社会主義体制への思想的批判にとどまっていなかったことは、たしかであろう。リットは自分の長女との対立に悩みつつ、「ナチズム」の思想と政治体制に批判的な立場を貫いた「精神科学的教育学」の中心人物であった、といえるであろう。リットの長女は「一九三〇年にナチ女子親衛隊に入り、リットと激しく対立していた」[22]ということである。

注

1 ブラッハー、K・D著、山口定・高橋進訳『ドイツの独裁I』岩波書店、一九七五年、四八七頁。山本尤『ナチズムと大学』中央公論社、一九八五年、三二頁。

2 田代尚弘『シュプランガー教育思想の研究—シュプランガーとナチズムの問題』風間書房、一九九五年、一八七頁以下、「第五章〜第九章」、とくに第八章「リットと国民社会主義の問題」を加除編集して、重要な引用は出典を採録してある。

3 坂越正樹『ヘルマン・ノール教育学の研究—ドイツ改革教育運動からナチズムへの軌跡』風間書房、二〇〇一年、一二三頁—一二四頁、一三三頁—一五五頁。これまでノールについては断片的な研究はあるが、本書はノールの教育学と思想を時代との関わりで体系的に解明し、「精神科学的教育学」の思想史的な間隙を埋めた、瞠目すべき研究書である。

4 E.Blochmann,Herman Nohl in der pädagogischen Bewegung seiner Zeit 1879-1960.1969.S.166-167.

5 Politikon,Göttinger Studentenzeitschrift für Niedersachsen,Nr.9,Jan.1965.S.27。ヴィクトル・ファリアス、

山本尤訳『ハイデガーとナチズム』名古屋大学出版会、一九九〇年、一九〇―一九三頁。

6 B.Weber, Pädagogik und Politik von Kaiserreich zum Faschismus, 1979. S.347.

7 F.Nicolin,Theodor Litt und der Nationalsozialismus.1982. In: Pädagogische Rundschau.1982.36.Jg.2.Heft.S.98.

8 W.Klafki,Die Pädagogik Theodor Litts.1982.S.28.

9 W.Klafki,Die Pädagogik Theodor Litts.1982.S.29 .

10 Th.Litt,Die Stellung der Geisteswissenschaften im nationalsozialistischen Staate.In: Die Erziehung,Bd.9.1933/34.S.14.

11 Litt,a.a.O.S.19.

12 Litt,a.a.O.S.30.

13 Litt,a.a.O.S.21.

14 Litt,a.a.O.S.25.

15 Th.Litt,Der deutsche Geist und das Christentum.1938.S.59.

16 A.Baeumler,Begegnung mit Theodor Litt.In: A.Baeumler (Hrsg.) , Weltanschauung und Schule.1938.2.Jg.1938.

17 田代尚弘『シュプランガー教育思想の研究―シュプランガーとナチズムの問題』「第八章」「第四節ボイムラーのリット批判」を参照。

18 Baeumler,a.a.O.S.248.

19 W.Klafki,a.a.O.S.36.

20 小笠原道雄『テオドール・リット：人と作品―時代と格闘する哲学者・教育者』東信堂、二〇二二年、四三頁。本書は、日本におけるリット研究の歴史とリットの戦前・戦後を通じての「人と作品」の概要を明らかにしている。

21 田代尚弘『シュプランガー教育思想の研究―シュプランガーとナチズムの問題』、二一五頁。

22 小笠原道雄、同上、三七頁。

＊＊＊

以下、本書『国家権力と倫理』の翻訳について、ひとことふれておきたい。ヘーゲルの諸著作の優れた訳者である長谷川宏は、難解な『精神現象学』(作品社、一九九八年)の「訳者あとがき」に、次のように書いている。「ドイツ語原文は、ただ読みすすむというだけでも、難文、悪文、拙文、不文、その他、なんとでも悪口をいいたくなるような代物だが、いざ翻訳しようとそれに立ちむかっても、おいそれと日本語になってはくれない。……こちらに元気がなければ仕事にむかう気にはなれなかったし、元気があっても、仕事に精を出しすぎると、きまって体の節々が痛んでくるようであった」(五五五頁〜五五六頁)。リットの本書『国家権力と倫理』は、『精神現象学』にくらべれば、小冊子にすぎないが、「悪文と日本語になりにくさ」という点では、長谷川宏氏のいう『精神現象学』の類いに入るのではないか、と思われる。リットは「脅迫的な時代状況」と対峙して「本書」を執筆しているので、本書の文体も「論述内容」も「屈曲」している。

翻訳にあたって、放送大学茨城学習センターの「前センター長」、茨城大学名誉教授でドイツ文学者の佐藤和夫先生には、いろいろとご教示をいただいた。ドイツ語の語彙についてお調べいただき、また複雑な文章構造の理解については「訳例」をお示しいただいた。佐藤先生は名訳『ホブレッカーおじさんのおしゃべり―ドイツ児童文学史事始め』（青簡舎、二〇一八年）を出版している。本書はコメニウスをはじめ、啓蒙期の汎愛派と呼ばれる教育思想家、バセドー、ザルツマン、カンペ等による「新しい児童文学」も取り上げている。本文中には貴重なイラストや「絵」も数多く挿入されており、教育思想史に新たな知見を与えてくれる。また、茨城大学名誉教授でアメリカ文学者の大畠一芳先生には、「アメリカ民主主義」の「意識と形式の問題」について、また「思想家・文学者と時代の関わり」について貴重な示唆をいただいた。大畠先生は『デモクラシーという幻想』（悠書館、二〇一六年）、『ヘンリー・ジェイムズとその時代』（悠書館、二〇二一年）という優れた著作を発表している。

長年にわたり、ご厚誼を賜っている、ボン大学名誉教授で、著名なリット研究者でもあるテオドール・ラサーン博士、コブレンツ・ランダウ大学教授のビルギーテ・オッフェンバッハ博士には、リット特有の語彙や特異な文体および内容的理解ついて、度重なるメイルや書簡を通じて、多くの点で丁寧かつ詳細なお教えをいただいた。いろいろとお教えいただいた先生方に、心から御礼申し上げます。

田代尚弘

あとがきに代えて——本著刊行の経緯とその意義

一九七四年八月一日から私は旧西ドイツ アレキサンダー フォン フンボルト財団の研究員としてボン大学に留学した。冬学期開始とともにボン大学教育科学研究所の図書室を利用し、Th. リットの刊行書籍の目録の作成に入った。その折、図書室管理の女性からリットの書籍類はラテン語による博士論文を含め、多くがボン大学中央図書館に収納されている旨案内を受けた。研究所図書室に保管されている一冊が本著『国家権力と倫理』(1948) Erasmus-Verlag München である。リット六六歳、一九四七年秋に書かれたものである。ご承知のように、リットは一九三一年一〇月ライプツィヒ大学学長就任講演「大学と政治」をおこない、当時ナチズムの台頭とともに顕著となった大学と学問に対する政治化策とその制度的な政策に対して方向転換をせまる講演をおこない、特に、ナチス学生同盟と軋轢を生むことになる。その後も「第三帝国」による講演や講義の妨害を受け、一九三七年、節を曲げることなく自主的に退職し、著作活動に専念する。第二次世界大戦終結の一九四五年、ライプツィヒ大学から請われて復職し、荒廃した大学の再建に尽力し、大学の「復興計画案」まで作成するが、研究と学問の自由を基本とするリットの姿勢は占領軍のソヴィエト的全体主義の施策とは全く相容れず、ここでも多くの軋轢を生むことになる。結局、一九四七年旧西ドイツのボン大学からの招請を受け、故郷に帰還することになる。この帰還直前の一九四七年秋、ライプツィトで書き上げたのが本著『国家権力と倫理』なのである。驚くことに、本著の裏扉には当時西ドイツの発行元のミュンヘンは、占領下アメリカ軍の刊行許可が必要で、そこには刊行許可の文字が印刷されている。

一九七五年一〇月、当時の勤務校であった上智大学文学部教育学科の教室の都合もあって、急遽帰国することになった。その際、本著『国家権力と倫理』一二七頁全体をコピーし、それを手にして帰国した。直感的に、そのタイトルから一九六〇年代わが国の学生運動を体験した者として本著の内容を勝手に推量してのことであった。

帰国後、本著の序論を中心に『上智大学教育学論集』第10号(1976)に「国家権力と教育―Th.Litt の国家観の考察(1)」のタイトルで執筆した。だがあまりの難解さに、同僚で日本語に精通している教育学科教授のドイツ人クラウス ルーメル神父にその序論解読の手引きをお願いした。数日後、ルーメル先生からは「著者独特のレトリックが多くドイツ語での解読は難しいので、英文に直してみた」とのことでそれを届けてくれた。

参考文献等を参照しながら結局、本著の内容や本質を未消化なままに、Ⅰ「国家権力」の考察の基本的立場、Ⅱリットの「国家論」論究の方法論的立場、Ⅲ国家権力と倫理の三部構成で、末尾に［未完］として筆をおいた。［未完］としたのは、リットの本著が自分にとっては全く手に負えない代物であることを自覚してのことである。

このような経緯から、当時広島大学に勤務していた田代尚弘氏に窮状を訴え共訳者としての援助をお願いした。半世紀前のことである。この間に田代氏は、大学ノートに訳稿を作成し、「これは完成稿ではありません」という文言を付して届けてくれた。

今回、田代氏の完成稿を一読し、本著『国家権力と倫理』の「はじめに」においてリットが「原稿は文机のなかに、長い間しまい込まれていたが、それには別段の理由はない」という文言の心意を自覚した。「別段の理由がない」というのがリット一流のレトリックなのだ！理由は大いにあるのだ！さらに、リットの本著が当時亡命中のホルクハイマー（Max Horkheimer 1896-1973）の目に止まり、リットの本書に勇気を与えられたとリットに直接書簡を送り、謝意を伝えているのである。

半世紀の時を経て、今回尽力を賜った田代尚弘氏に満腔の謝意を表するとともに、本著刊行の意義を認め、刊行を決意された東信堂下田勝司社長と校正を担当していただいた領家歩希さんに、心よりお礼申し上げます。

二〇二三年七月三一日

小笠原道雄

た行

な行

は行

ら行

事項索引

あ行

か行

さ行

人名索引

監訳者紹介

小笠原道雄（おがさわら みちお 1936- ）。広島大学名誉教授、ブラウンシュバイク工科大学名誉哲学博士（Dr. Phil. h. c.）、ボン大学（客員）教授。主な著書『現代ドイツ教育学説史研究序説』『フレーベルとその時代』『原典資料の解読によるフリードリヒ・フレーベルの研究』『ヴィルヘルム・ディルタイの教育学―生成・展開・現代的展望』『精神科学的教育学の研究』"Pädagogik in Japan und in Deutschland-Historische Beziehungen und aktuelle Probleme", Leipziger Universitätsverlag. 等。

訳者紹介

田代尚弘（たしろ たかひろ 1947- ）。広島大学大学院教育学研究科博士課程修了。茨城大学名誉教授 教育学博士（広島大学）。主な著書『シュプランガー教育思想の研究―シュプランガーとナチズムの問題』（1995）等。主な翻訳書、エーリカ・マン著：『ナチズム下の子どもたち―家庭と学校の崩壊』（1998）、レオ・ペルッツ著：共訳『ウイーン五月の夜』（2010）等。1990年以来、ドイツの教育学専門誌、"Pädagogische Rundschau (Peter Lang Verlag)"の編集委員。

国家権力と倫理

2023年 8 月30日　　初　版第 1 刷発行　　〔検印省略〕

＊本体価格はカバーに表示してあります。

監訳者©小笠原道雄　訳者 田代尚弘／発行者　下田勝司　印刷・製本／中央精版印刷

東京都文京区向丘1-20-6　　郵便振替00110-6-37828
〒113-0023　TEL（03）3818-5521　FAX（03）3818-5514

発行所 株式会社 東信堂

published by TOSHINDO PUBLISHING CO., LTD.
1-20-6, Mukougaoka, Bunkyo-ku, Tokyo, 113-0023, Japan
E-mail: tk203444@fsinet.or.jp　URL: http://www.toshindo-pub.com/

ISBN978-4-7989-1856-3　C1030　©Ogasawara Michio

東信堂

国家権力と倫理	小笠原道雄監訳	二四〇〇円
テオドール・リット：人と作品	小笠原道雄	二四〇〇円
—時代と格闘する哲学者・教育者 原子力と倫理—原子力時代の自己理解	Th・リット 小笠原道雄編	一八〇〇円
科学の公的責任—科学者と私たちに問われていること	Th・リット 小笠原・野平編訳	一八〇〇円
歴史と責任—科学者は歴史にどう責任をとるか	Th・リット 小笠原・野平編訳	一八〇〇円
責任という原理—科学技術文明のための倫理学の試み〔新装版〕	H・ヨナス 加藤尚武監訳	四八〇〇円
主観性の復権—心身問題から『責任という原理』へ	H・ヨナス 宇佐美・滝口訳	二〇〇〇円
ハンス・ヨナス「回想記」	H・ヨナス 盛永・木下・馬渕・山本訳	四八〇〇円
生命の神聖性説批判	H・クーゼ著 飯田・石川・小野谷・片桐・水野訳	四六〇〇円
生命科学とバイオセキュリティ—デュアルユース・ジレンマとその対応	四ノ宮成祥 河原直人編著	二四〇〇円
医学の歴史	今井道夫監訳 石渡隆司	四六〇〇円
安楽死法：ベネルクス3国の比較と資料	盛永審一郎監修	二七〇〇円
死の質—エンド・オブ・ライフケア世界ランキング	丸祐一・小野谷加奈恵・飯田亘之訳	一二〇〇円
バイオエシックスの展望	坂井昭宏 松浦悦子編著	三二〇〇円
死生学入門—小さな死・性・ユマニチュード	大林雅之	一二〇〇円
生命の問い—生命倫理学と死生学の間で	大林雅之	二〇〇〇円
生命の淵—バイオシックスの歴史・哲学・課題	大林雅之	二〇〇〇円
今問い直す脳死と臓器移植〔第2版〕	澤田愛子	二〇〇〇円
キリスト教から見た生命と死の医療倫理	浜口吉隆	二三八一円
動物実験の生命倫理—個体倫理から分子倫理へ	大上泰弘	四〇〇〇円
テクノシステム時代の人間の責任と良心	H・レンク 山本・盛永訳	三五〇〇円

〔ジョルダーノ・ブルーノ著作集〕より

カンデライオ	加藤守通訳	三二〇〇円
聖灰日の晩餐	加藤守通訳	三二〇〇円
原因・原理・一者について	加藤守通訳	三二〇〇円
傲れる野獣の追放	加藤守通訳	四八〇〇円
英雄的狂気	加藤守通訳	三六〇〇円

※定価：表示価格（本体）＋税

〒113-0023　東京都文京区向丘 1-20-6　TEL 03-3818-5521　FAX03-3818-5514
Email tk203444@fsinet.or.jp　URL:http://www.toshindo-pub.com/